Hochzeitsratgeber

Hochzeitsratgeber

Von Werner Schwanfelder

Verlegt bei Humboldt

humboldt

Der RatgeberVerlag

humboldt-Taschenbuch 4082

Der Autor:

Werner Schwanfelder ist erfahrener Fachautor einer Reihe von Sachbüchern und Ratgebern, insbesondere zu den Themen Lebensplanung, Altersversorgung, Finanzierung und Geldanlage.

Zeichenerklärung:

Hinweis/Tipp **i**

Beispiel

Gesetz/Recht §

Kosten €

Besonderheit

Ausfüllen/
Ankreuzen

Zeichnungen im Innenteil: Herbert Horn, Ottobrunn, und Autor.
Fotos im Innteil: CCvision
Satz: MPM Wasserburg
Druck und Bindung: Artpress Druckerei GmbH, A-6600 Höfen

Printed in Austria

ISBN 10: 3-89994-082-2
ISBN 13: 978-3-89994-082-4

www.humboldt.de

Inhalt

VIII. Nach der Hochzeit 200

Zum guten Schluss … 214

Liebesbriefe als Auftakt

anno domini ...

Teuerstes Fräulein Susanne!

Jetzt, da ich meine Gedanken an Sie richte, wertes Fräulein Susanne, führe ich mit bebendem Herzen meine Hand zum Papier, um diese Zeilen zu schreiben, und ich hoffe, die richtigen Worte des Ausdrucks zu finden. Es hat lange Zeit gedauert, bis ich mich entschlossen habe, diesen Brief an Sie zu schreiben. Seitdem ich Sie das erste Mal erblickte – Sie erinnern sich wohl noch des Abends, als ich die Ehre hatte, Ihnen die Feuerzangenbowle nachzugießen? –, berge ich Ihr Abbild in meinen Gedanken, erzittert mein Herz, wenn meine Lippen Ihren wunderhübschen Namen formulieren. Es ist mir noch nie geschehen, daß mich ein Wesen mit solcher Grazie und Hingabe, mit solcher liebenswürdigen Art wie die Ihre, verzauberte.
Noch nie habe ich ein so leuchtendes Lächeln gesehen, wie Sie es mir zum Abschied an unserem ersten gemeinsamen Abend schenkten. Noch nie habe ich einen so zarten Händedruck erhalten, der mich fast verführt hätte, Ihre Hand länger festzuhalten, als die Konventionen es zulassen.
Sehr verehrtes Fräulein Susanne, ich glaube, es gibt keinen Mann, der nicht vor Ihnen hinschmelzen würde, der nicht alles unternehmen würde, um Sie glücklich zu machen. Ich möchte mich unterwürfig in die Schar Ihrer Verehrer einreihen.
Liebes Fräulein Susanne, ich hoffe, nicht aufdringlich zu wirken, aber ich muß Ihnen meine Empfindungen für Sie mitteilen. Zwar könnte ich Ihnen dabei nicht ins Angesicht sehen, und so schreibe ich mit bangem Herzen, wie Sie diese Zeilen wohl aufnehmen werden. Ich flehe Sie an, nicht voreilig, nicht zu hart zu urteilen. Ich weiß, daß ich nicht wert bin, Ihre Hand zu fühlen, auch wenn ich mich danach sehne, im Schein Ihrer wunderbaren Augen zu stehen, auch wenn ich es mir so sehr wünsche.

Ich habe Schwierigkeiten, es auszusprechen, niederzuschreiben. Ich stelle mir in aller Kühnheit vor, wie Ihre bezaubernden, aufmunternden Augen auf mir ruhen, wie ein sanftes Lächeln um Ihren roten Mund spielt. Und dies gibt mir die Kraft: Liebes Fräulein Susanne, ich liebe Sie.

Bitte verzeihen Sie meinen Wagemut, aber ich mußte Ihnen dies schreiben. Demütig werde ich nun auf ein Zeichen von Ihnen warten. Doch seien Sie gewiß, mein Wünschen und Sehnen wird grenzenlos sein. Ich bin so vermessen, davon zu träumen, selbst am helllichten Tag. Geben Sie mir Ihre Hand, und ich werde Sie zum Traualtar führen.

Sie werden es nicht bereuen. Ein Leben lang will ich Sie auf Händen tragen, die Welt Ihnen zu Füßen legen, Ihr unterwürfiger Diener sein.

Genug der Worte, ich möchte hier schließen und verbleibe mit Aufrichtigkeit und Hochachtung als Ihr treuer Freund, als Ihr Bewunderer und Verehrer. Ich verzehre mich nach einem Zeichen von Ihnen, warte ungeduldig und mit klopfendem Herzen. Teuerstes Fräulein, seien Sie meiner ganzen innigen Liebe versichert.

Ihr ergebener, Sie glühend verehrender, auf Sie hoffender

Carl Friedrich Hofmeister

irgendwann heute

Liebe Susanne,

ich möchte Dir eine Geschichte erzählen:

Da saß ich doch eines Tages in einer Kneipe zusammen mit anderen Bergsteigern an einem Tisch. Wir tranken und erzählten, und ich berichtete, dass ich gerne den höchsten Gipfel in dieser Gegend besteigen möchte, ja, das hätte ich mir vorgenommen. Die anderen sahen mich aufmerksam an. Das sei möglich, sicherlich, aber dazu benötige man einen Partner, auf den man sich verlassen könne – allein erreiche man den Gipfel nie. Und sie stellten die Frage, ob ich einen solchen Partner hätte. Ich blickte zu Boden und sagte nichts.

Vor einem Vierteljahr habe ich Dich kennen gelernt, liebe Susanne, damals auf der Party, als ich Dich mit der tückischen Feuerzangenbowle bediente; und vom ersten Augenblick an war mir klar, dass Du mein Partner bist, dass ich mit Dir den Gipfel des Lebens erreichen könnte. Ich muss dann nicht mehr zu Boden blicken, sondern darf die Augen auf den Gipfel richten. Auf, packen wir's an.

Ich freue mich, weil ich einen Partner gefunden habe und weil Du bereit bist, mir Deine Liebe zu schenken. Ich bin bereit, mich Dir zu geben, ohne alle Vorbedingungen, vielleicht mit der Bitte, vorsichtig mit mir umzugehen, und nehme Dich genauso auf in meine Hoffnungen, Pläne und Wünsche, möchte Dich so akzeptieren in Deiner vollen eigenen Person. Aus einem »Ich« wird damit ein bedingungsloses »Wir«.

Manchmal habe ich Angst vor solch einem bedingungslosen Ausliefern, möchte auf meiner Freiheit bestehen. Doch ich weiß, dass in gegensätzlicher Achtung und Liebe eine neue, viel größere Freiheit verborgen liegt.

Diese will ich auskosten – mit Dir zusammen. Ich träume von einem Zusammenleben mit Dir, freue mich darauf und fühle leichte Beklemmung vor dem Ungewissen. Wie wird es sein? Wie wird es werden? Aber dann bin ich auch schon wieder getröstet und voller Hoffnung. Wir haben unsere Liebe und unsere gegenseitige Achtung. Keiner will und wird den anderen verletzen, jeder wird den anderen in seiner eigenen Persönlichkeit akzeptieren. Aber wir können voneinander lernen, uns verbünden in einer Seilschaft und damit alle Gipfel bezwingen, die wir uns als Ziel vornehmen.

Man sagt, wenn eine Sternschnuppe am Himmel explodiert, darf man sich etwas wünschen. Dies geschah heute Nacht, und ich äußerte meinen Wunsch, in Gedanken schrie ich ihn in die Nacht hinaus: Mein liebes Mädchen, ich möchte mit dir zusammenleben!

So will ich es Dir schriftlich geben: Liebe Susanne, ich möchte Dich heiraten …

Jetzt kaufe ich einen Strauß roter Rosen und besuche Dich, gebe Dir den Brief, bitte Dich, ihn zu lesen. An dieser Stelle überreiche ich Dir mit zitternden Händen den Strauß. Lass uns gemeinsam beginnen. Ich liebe Dich!

Dein Peter

Wie sage ich es dem anderen, wie teile ich ihm mit, welche Wünsche ich habe? Es gibt viele Wege, viele Möglichkeiten.

Der Brief ist eine dieser Möglichkeiten. Zwei Arten haben wir vorgestellt:

- einen Liebesbrief, auf alt getrimmt, doch in aller Deutlichkeit der Aussage;
- einen Liebesbrief als Einleitung zu einem Gespräch. Es gibt sicherlich noch andere Formen, modern-schlichtere oder schmuckvollere. Dabei muss jeder seinen Weg, seine eigene Lösung finden.

Wir wünschen viel Erfolg.

Der Hauptteil unseres Buchs setzt nach der Entscheidung ein. Jetzt steht es bereits fest: Hurra, wir heiraten!

Einleitung

Zum gemeinsamen Lebensweg gratulieren wir Ihnen recht herzlich. Wir wünschen Ihnen für diesen neuen Lebensabschnitt die Erfüllung Ihrer Hoffnungen. Dabei soll nicht verschwiegen werden, dass auch jedes gegenseitige Verständnis und jede Zweisamkeit erst erlernt werden muss. Über die Dauer einer Verbindung, über gemeinsame Erlebnisse wird die Ehe zu einem hoffentlich dauerhaften Bündnis.

Dieses Buch möchte Ihnen, verehrtes Brautpaar, Arbeit abnehmen, Entscheidungshilfen geben, Tipps und Hinweise für die Hochzeitsvorbereitungen an die Hand geben. Wir hoffen, dass Sie mit seiner Hilfe ein gelungenes Hochzeitsfest gestalten werden.

Und wenn Sie schließlich eine angenehme und erinnerungswerte Hochzeitsfeier erlebt haben, müssen Sie nicht über deren Einmaligkeit traurig sein. Keine Sorge, man kann häufiger Hochzeit feiern.

Folge-Hochzeiten auf einen Blick

Nach 1 Jahr	*Baumwollene oder Papierene Hochzeit*
Nach 3 Jahren	*Lederne Hochzeit*
Nach 5 Jahren	*Hölzerne Hochzeit*
Nach 6½ Jahren	*Zinnerne Hochzeit*
Nach 7 Jahren	*Kupferne Hochzeit*
Nach 8 Jahren	*Blecherne Hochzeit*
Nach 10 Jahren	*Rosenhochzeit*
Nach 12½ Jahren	*Petersilienhochzeit oder Nickelhochzeit*
Nach 15 Jahren	*Gläserne oder Kristallene Hochzeit*
Nach 20 Jahren	*Porzellanhochzeit*
Nach 25 Jahren	*Silberne Hochzeit*
Nach 30 Jahren	*Perlenhochzeit*
Nach 35 Jahren	*Leinwandhochzeit*
Nach 37½ Jahren	*Aluminiumhochzeit*
Nach 40 Jahren	*Rubinhochzeit*
Nach 50 Jahren	*Goldene Hochzeit*
Nach 60 Jahren	*Diamantene Hochzeit*
Nach 65 Jahren	*Eiserne Hochzeit*
Nach 67½ Jahren	*Steinerne Hochzeit*
Nach 70 Jahren	*Gnadenhochzeit*
Nach 75 Jahren	*Kronjuwelenhochzeit*

I. Was man vorher wissen sollte

Bedeutung der Heirat

Den Statistiken, die das Bundesamt für Statistik veröffentlicht, kann man entnehmen, dass sich wieder mehr junge Menschen für eine Heirat und damit für ein »geregeltes« Leben zu zweit entscheiden.
Die Bedeutung der Heirat kann in drei verschiedenen Dimensionen gesehen werden, die nicht für jeden Einzelnen gleich gewichtig und gleich bedeutend sein mögen.

Die rechtliche Bedeutung

Mit der standesamtlichen Trauung schließt das Brautpaar einen Vertrag ab, den Ehevertrag. Gesetzliche Regelungen definieren auf dieser Grundlage gegenseitige Rechte und Pflichten der Partner. Fast automatisch hat man mit diesem Vertrag auch ein ganzes Paket von Vorschriften aus allen Rechtsgebieten (Steuerrecht, Sozialrecht, Privatrecht, Familienrecht) akzeptiert. Man könnte den Ehevertrag auch in eine Menge von Einzelverträgen aufteilen und diese individuell gestalten. Dies würde dann in vielen Bereichen die gleiche rechtliche Bedeutung haben. Aber eine solche individuelle Regelung wäre mit verhältnismäßig hohem Aufwand verbunden. Es müssten unzählige §

Verträge geschlossen und notarielle Beglaubigungen eingeholt werden, und man wäre doch nicht davor gefeit, Lücken offen gelassen zu haben (zum Beispiel in der gegenseitigen Versorgung). Beim landesüblichen Ehevertrag ist dies alles mit einer einzigen Unterschrift vereinbart.
Das bedeutet jedoch nicht, dass bei Abschluss eines solchen Ehevertrages keine individuellen Wünsche berücksichtigt werden können. Für diese wie auch für spätere Änderungen bis hin zur Vertragsaufhebung, also der Scheidung, ist jedoch der formale Weg durch Gesetze und Vorschriften eindeutig festgelegt.

Die religiöse Bedeutung

Es ist festzustellen, dass viele junge Menschen sich eine kirchliche Trauung wünschen. Mit der kirchlichen Trauung erbittet das Hochzeitspaar den Segen Gottes für sein Zusammenleben. Für gläubige Menschen wird damit die religiöse Bedeutung zum dominierenden Bestandteil von Hochzeit und Ehe.

Die öffentliche Bedeutung

Man kann eine Hochzeit natürlich ohne jegliche Öffentlichkeit feiern, im kleinsten Rahmen sozusagen. Bis vor wenigen Jahren waren auch in diesem Fall vom Gesetz zwei Trauzeugen vorgeschrieben, die dann stellvertretend für die Öffentlichkeit auftraten.

Häufig besteht aber auch der Wunsch, die gefällte Entscheidung auf breiter Basis zu dokumentieren, bekannt zu geben und somit ein öffentliches Versprechen gegenüber dem Partner abzulegen. Dafür bietet es sich natürlich an, dieses Fest groß und feierlich zu begehen.

Oft ist die Frage zu hören, ob man sich mit einer Heirat der Gesellschaft und ihren Gebräuchen unterordne.
Eine solche Überlegung kann man nicht völlig von der Hand weisen, wobei die Frage wohl richtiger gestellt wäre, wenn sie mit »einordnen« anstatt mit »unterordnen« formuliert würde. Mit der Heirat wird die gesellschaftliche Stellung des Brautpaares zweifelsohne festgelegt. Aber dies muss nun wirklich nicht heißen, dass damit das Zusammenleben abgegrenzt und eingeengt wird. Die Freiräume muss sich ein Paar selbst schaffen, gewissermaßen in einem Lernprozess erarbeiten.

Allgemeine Hinweise

Die Vorbereitungen für eine Hochzeit beginnen schon lange vor dem konkreten Anlass. Häufig richten sich die Eltern bereits kurz nach der Geburt des Kindes darauf ein.

Mitgift und Aussteuer

Die Attraktivität einer jungen Frau wurde früher häufig nicht allein an ihrem Aussehen oder ihrem Charakter gemessen, sondern auch an dem, was sie an materiellen Gütern in die Ehe brachte. Man sprach in diesem Zusammenhang von Mitgift und Aussteuer. Diese Einstellung herrscht in unserem Kulturkreis heute zum Glück nicht mehr so stark vor. Beide Partner wollen ihren Hausstand häufig gemeinsam begründen und ihre finanziellen Mittel dabei einsetzen. €

Heute haben viele Paare oft mehrere Jahre vor der Eheschließung zusammengelebt und besitzen eine vollständig eingerichtete Wohnung und sämtliche Haushaltsgegenstände, so dass sie eigentlich nichts »brauchen«.

Daneben wird auch noch traditionell verfahren – vor allem auf dem Lande oder bei sehr jungen beziehungsweise sehr wohlhabenden Brautleuten.

Unter Mitgift versteht man die Vermögensteile, die eine Frau in die Ehegemeinschaft einbringt.
Die Aussteuer dagegen umfasst die Grundausstattung eines Haushaltes, die sich das Mädchen früher selbst zusammensparte oder sich zu Geburtstagen schenken ließ.
Es ist heute gleichgültig, wer diese Erstausstattung des Haushaltes einbringt oder finanziert; wichtig ist nur, dass der Grundstock bereits existiert. In der Regel fangen nur sehr junge Paare heute »bei null« an. Zumeist wohnen Braut und Bräutigam nicht mehr bei den Eltern; sie haben eigene Möbel, einen Fernseher, Geschirr usw.
Aber auch wenn mit der Eheschließung nicht mehr ein eigener Hausstand begründet wird, wünscht sich das Paar sicher zahlreiche Dinge, die es sich bisher nicht leisten konnte oder für deren Anschaffung der Anlass – z.B. die Heirat – gefehlt hat. Oft ist die Ausstattung des Haushalts ja bunt gemischt, besteht aus »ihren« und »seinen« Gläsern, Tellern, Möbeln, Handtüchern. Spätestens zur Hochzeit möchten beide, dass alles zusammenpasst, dass alles Provisorische endet.
Dabei kann es sich beispielsweise um Bettwäsche, um Möbel, Vorhänge oder um Geschirr handeln Um diese großen und kleinen Anschaffungen sollte man sich nicht erst zum Zeitpunkt der Hochzeit kümmern müssen. Die Auflistung und die Beschaffung sollte vielmehr früher stattfinden – am besten bereits dann, wenn die Ernsthaftigkeit des Heiratsentschlusses feststeht. Ab sofort können sie dann alle gewünschten Gegenstände auf die Geschenkliste der Hochzeitsfeier setzen!

Die folgende Haushaltsliste soll einen Anhaltspunkt bieten und kann als Checkliste benutzt werden. Natürlich sollte man den eigenen Haushalt nach individuellen Bedürfnissen ausrichten. So wurde bewusst auf Mengenangaben verzichtet, da diese von der jeweiligen Haushaltsführung (z.B. der Zahl der Gäste, die man bewirten können möchte) abhängen.

Haushalts-Komplettausstattung auf einen Blick

i

Wäsche	**Speiseservice, bestehend aus:**
❑ Bettbezüge	❑ Suppentellern
❑ Kopfkissenbezüge	❑ Suppentassen
❑ Bettlaken	❑ flachen Esstellern
❑ Tischdecken	❑ Beisetztellern
❑ Servietten	❑ Suppenterrine
❑ Handtücher	❑ Satz Schüsseln
❑ Badetücher	❑ Bratenschüssel
❑ Gästehandtücher	❑ Sauciere
❑ Waschlappen	❑ Aufschnittplatten
❑ Putztücher	❑ Eierbechern
❑ Spültücher	❑ Kompottschälchen
❑ Staubtücher	
	Bestecke
Gläser/Geschirr	❑ Kaffeelöffel
❑ Rotweingläser	❑ Suppenlöffel
❑ Weißweingläser	❑ Gabeln
❑ Sektkelche	❑ Messer
❑ Likörgläser	❑ Kuchengabeln
❑ Schnapsgläser	❑ Eierlöffel
❑ Cognacschwenker	❑ Obstmesser
❑ Wasser-, Limonadengläser	❑ Servierlöffel für Suppe, Gemüse, Sauce
❑ Biergläser	❑ Salatbesteck
❑ Kaffeeservice	❑ Fleischbesteck
❑ Teeservice	❑ Geflügelschere

- ❑ Schaumlöffel
- ❑ Tortenheber
- ❑ Kochlöffel
- ❑ Quirl
- ❑ Schneebesen
- ❑ Dosenöffner
- ❑ Flaschenöffner
- ❑ Nussknacker
- ❑ Korkenzieher

sonstiges Küchengerät

- ❑ Kasserolle
- ❑ Schmortopf
- ❑ Kartoffeltopf
- ❑ Gemüsetopf
- ❑ Schnellkochtopf
- ❑ Friteuse
- ❑ Bratpfannen
- ❑ Steakpfanne
- ❑ Kuchenformen (Guglhupf, Königskuchen)
- ❑ Springform
- ❑ Puddingform
- ❑ Römertopf
- ❑ Rumtopf
- ❑ Käsebrett
- ❑ Küchenwaage
- ❑ Warmhalteplatte
- ❑ Saftpresse
- ❑ Apfelreibe
- ❑ Nudelholz
- ❑ Mehlsieb
- ❑ Teesieb
- ❑ Salatsieb
- ❑ Gurkenhobel
- ❑ Mandelreibe
- ❑ Messbecher

Elektrogeräte für die Küche

- ❑ Kaffeemaschine
- ❑ Geschirrspülmaschine
- ❑ Rührgerät, Küchenmaschine
- ❑ Mixer
- ❑ Kartoffelschäler
- ❑ Toaster
- ❑ Brotschneidemaschine
- ❑ Brotschneidemesser
- ❑ Eierkochautomat
- ❑ Messerschleifer
- ❑ Wasserkocher
- ❑ Waffeleisen

sonstige Haushaltsgeräte

- ❑ Staubsauger
- ❑ Teppichkehrmaschine
- ❑ Bügeleisen
- ❑ Bügelbrett
- ❑ Mülleimer
- ❑ Besen
- ❑ Handbesen/Kehrblech
- ❑ Kühlschrank, Gefrierschrank
- ❑ Waschmaschine, Trockner
- ❑ Eimer
- ❑ Wäschekorb
- ❑ Schrubber
- ❑ Blumenvasen
- ❑ Blumengießkanne
- ❑ Schuhputzzeug
- ❑ Trittleiter
- ❑ Werkzeugkasten

Aussteuerversicherung

€

In diesem Zusammenhang sollte man noch die Aussteuerversicherung nennen. Da die Grundausstattung eines Haushaltes nicht eben billig ist, kann sich derjenige glücklich schätzen, der eine Aussteuerversicherung besitzt.
Die Aussteuerversicherung schließen die Eltern zum Zeitpunkt der Geburt oder irgendwann während der Jugendzeit über eine bestimmte Summe ab, die entweder zum Zeitpunkt der Hochzeit oder in einem bestimmten Lebensalter, meistens mit 18 Jahren, fällig wird. In einem solchen Versicherungsfall wird zum Zeitpunkt der Eheschließung ein größerer Geldbetrag frei, mit dem man den Grundstock des Haushalts finanzieren kann.

Gesundheitsüberprüfung

Lange vor dem Hochzeitstermin und der Heiratsentscheidung sollte ein gründlicher »Gesundheits-Check-up« vorgenommen werden. Das ist keine Pflicht. Von keiner Seite wird ein Gesundheitsattest verlangt, wenn man eine Ehe eingeht. Dennoch sollte man – sich selbst und dem Partner zuliebe – eine solche Untersuchung durchführen lassen. Auch ein AIDS-Test ist zu erwägen.
Ist man ständig in ärztlicher Behandlung, so werden bei einer derartigen Untersuchung keine großen Überraschungen auftauchen. Konsultierte man allerdings bisher gar keinen Hausarzt oder ging nur sporadisch zum Arzt, so sollte man nicht versäumen, eine gründliche »Anamnese« aufnehmen zu lassen, aus der sich Kenntnisse über vererbbare Krankheiten gewinnen lassen. Ebenso ist die Frage nach der Zeugungsfähigkeit interessant und wichtig. Wer bislang noch keinen Anlass sah, sich über geeignete Möglichkeiten der Empfängnisverhütung zu informieren, sollte dies jetzt tun.

Der Arztbesuch sollte rechtzeitig vor der Hochzeit stattfinden, und mit dem Partner sollte man die Ergebnisse offen besprechen. Das bewusste Verschweigen von schwerwiegenden Krankheiten kann die Auflösung der Ehe zur Folge haben.

Rechtliche Voraussetzungen (Bundesrepublik Deutschland)

§ Eigentlich sollte es jeder wissen: Vor jeder Ehe steht die Verlobung. Das Verlöbnis ist im Rechtssinne nichts anderes als das wechselseitige und ernsthafte Versprechen, einander heiraten zu wollen.

Dies muss nicht ausdrücklich geschehen, sondern kann auch konkludent erfolgen (man verhält sich wie verlobt). Auf Förmlichkeiten (Austausch von Ringen, Verlobungsfeier, Zeitungsanzeige usw.) kommt es nicht an. Spätestens dann, wenn die Brautleute gemeinsam die Eheschließung beim Standesamt anmelden, haben sie einander die Ehe versprochen und sind damit verlobt.

Die rechtliche Bedeutung der Verlobung ist aber gering. Es kann zum Beispiel aufgrund einer vollzogenen Verlobung nicht auf Eingehung einer Ehe geklagt werden. Jeder der beiden Verlobten kann sich jederzeit wieder von dem Verlöbnis lösen.

Kommt es nicht zur Eheschließung, kann jeder Verlobte von dem anderen die Herausgabe der gemachten Geschenke verlangen.

Tritt ein Verlobter von dem Verlöbnis zurück, so hat er dem anderen und dessen Eltern den Schaden zu ersetzen, der dadurch entstanden ist, dass in Erwartung der Ehe Aufwendungen gemacht oder Verbindlichkeiten eingegangen worden sind. Gutes Beispiel ist das bereits gekaufte und nun nutzlose Brautkleid.

Die Ersatzpflicht tritt nicht ein, wenn ein wichtiger Grund zum Rücktritt vorliegt.
Umgekehrt ist in gleichem Umfang zum Schadensersatz verpflichtet, wer durch sein Verschulden (z.B. »Fremdgehen«) bewirkt, dass der andere von der Verlobung zurücktritt.

Es gibt eine ganze Reihe gesetzlicher Einschränkungen, unter denen eine Ehe nicht geschlossen werden kann, unter denen eine Ehe von Anfang an als nichtig anzusehen ist und unter denen eine Ehe aufgehoben werden kann. Diese Einschränkungen sollte man sich rechtzeitig vergegenwärtigen und prüfen, ob in der eigenen Person und der des Partners keine Probleme begründet liegen.
Nach dem deutschen Ehegesetz erlangt das Recht zur Eheschließung nur der Ehefähige. Als *ehefähig* gilt derjenige, der sowohl ehemündig als auch geschäftsfähig ist.

§

1. Die Ehemündigkeit

Die sogenannte Ehemündigkeit wird mit Eintritt der Volljährigkeit erlangt, also mit Vollendung des 18. Lebensjahres.
Ausnahmsweise sind aber auch Nichtvolljährige ehefähig. Voraussetzung ist, dass der Ehewillige das 16. Lebensjahr vollendet hat und sein künftiger Ehepartner bereits volljährig ist. In diesem Fall kann der Ehewillige beim Familiengericht einen Antrag auf Befreiung stellen.
Ohne das Familiengericht geht hier also nichts. Wenn es dem Antrag auf Befreiung zustimmt, haben der/die gesetzlichen Vertreter die Möglichkeit, der Entscheidung des Gerichts zu widersprechen. Für den Widerspruch müssen allerdings bedeutende Gründe sprechen. Andernfalls kann das Familiengericht der Eheschließung des Minderjährigen auch entgegen dem Willen des/der gesetzlichen Vertreter(s) zustimmen.

Im Ergebnis ist es somit auch einem Minderjährigen möglich, ohne die Zustimmung der Eltern zu heiraten.

§

2. Geschäftsfähigkeit
Wer geschäftsunfähig ist, kann keine Ehe eingehen. Geschäftsunfähig in diesem Sinne sind Kinder unter sieben Jahren und Geisteskranke. Bei der beabsichtigten Eheschließung eines Geschäftsunfähigen ist die Einwilligung des gesetzlichen Vertreters oder des Sorgeberechtigten notwendig.

Es existieren darüber hinaus noch spezielle *Eheverbote:*
Auszug aus dem Ehegesetz:

§

§ 4.
(1) Eine Ehe darf nicht geschlossen werden zwischen Verwandten in gerader Linie, zwischen vollbürtigen und halbbürtigen Geschwistern sowie zwischen Verschwägerten in gerader Linie. Das gilt auch, wenn das Verwandtschaftsverhältnis durch Annahme als Kind erloschen ist.
(2) (aufgehoben)
(3) Das Vormundschaftsgericht kann von dem Eheverbot wegen Schwägerschaft Befreiung erteilen. Die Befreiung soll versagt werden, wenn wichtige Gründe der Eingehung der Ehe entgegenstehen.

§ 5.
Niemand darf eine Ehe eingehen, bevor seine frühere Ehe für nichtig erklärt oder aufgelöst werden ist.

§ 6.
(aufgehoben)

§ 7.
(1) Eine Ehe soll nicht geschlossen werden zwischen Personen, deren Verwandtschaft oder Schwägerschaft im Sinne von § 4 Abs. 1

durch Annahme als Kind begründet worden ist. Das gilt nicht, wenn das Annahmeverhältnis aufgelöst worden ist.
(2) Das Vormundschaftsgericht kann von dem Eheverbot wegen Verwandtschaft in der Seitenlinie und wegen Schwägerschaft Befreiung erteilen. Die Befreiung soll versagt werden, wenn wichtige Gründe der Eingehung der Ehe entgegenstehen.

§ 8.
(1) Eine Frau soll nicht vor Ablauf von zehn Monaten nach der Auflösung oder Nichtigerklärung ihrer früheren Ehe eine neue Ehe eingehen, es sei denn, dass sie inzwischen geboren hat.
(2) Von dieser Vorschrift kann der Standesbeamte Befreiung erteilen.

§ 9.
Wer ein Kind hat, für dessen Vermögen er kraft elterlicher Sorge, Vormundschaft oder Betreuung zu sorgen hat, oder wer mit einem minderjährigen Abkömmling oder einem Abkömmling, für den in Vermögensangelegenheiten ein Betreuer bestellt ist, in fortgesetzter Gütergemeinschaft lebt, soll eine Ehe nicht eingehen, bevor er ein Zeugnis des Vormundschaftsgerichts darüber beigebracht hat, dass er dem Kind oder dem Abkömmling gegenüber die ihm aus Anlass der Eheschließung obliegenden Pflichten erfüllt hat oder dass ihm solche Pflichten nicht obliegen.

§ 10.
(1) Ausländer sollen eine Ehe nicht eingehen, bevor sie ein Zeugnis der inneren Behörde ihres Heimatlandes darüber beigebracht haben, dass der Eheschließung ein in den Gesetzen des Heimatlandes begründetes Ehehindernis nicht entgegensteht.
(2) Von dieser Vorschrift kann der Präsident des Oberlandesgerichts, in dessen Bezirk die Ehe geschlossen werden soll, Befreiung erteilen. Die Befreiung soll nur Staatenlosen und Angehörigen solcher Staaten erteilt werden, deren innere Behörde keine Ehefähigkeitszeugnisse ausstellt. In besonderen Fällen darf sie auch Angehörigen anderer Staaten erteilt werden. Die Befreiung gilt nur für die Dauer von sechs Monaten.

Von den Eheverboten abgesehen, gibt es den Begriff der *Ehenichtigkeit.* In bestimmten Fällen ist eine Ehe von Beginn an als nichtig, also als nicht geschlossen, anzusehen:

§

I Nach dem Ehegesetz der Bundesrepublik Deutschland ist eine Ehe aus folgenden Gründen nichtig:
(Auszug aus dem Ehegesetz)
§ 16.
Eine Ehe ist nur in den Fällen nichtig, in denen dies in §§ 17 bis 22 dieses Gesetzes bestimmt ist.

§17.
(1) Eine Ehe ist nichtig, wenn die Eheschließung nicht in der durch § 13 vorgeschriebenen Form stattgefunden hat.
(2) Die Ehe ist jedoch als von Anfang an gültig anzusehen, wenn die Ehegatten nach der Eheschließung fünf Jahre oder, falls einer von ihnen vorher verstorben ist, bis zu dessen Tode, jedoch mindestens drei Jahre, als Ehegatten miteinander gelebt haben, es sei denn, dass bei Ablauf der fünf Jahre oder zur Zeit des Todes des einen Ehegatten die Nichtigkeitsklage erhoben ist.

§18.
(1) Eine Ehe ist nichtig, wenn einer der Ehegatten zur Zeit der Eheschließung geschäftsunfähig war oder sich im Zustand der Bewusstlosigkeit oder vorübergehenden Störung der Geistestätigkeit befand.
(2) Die Ehe ist jedoch als von Anfang an gültig anzusehen, wenn der Ehegatte nach dem Wegfall der Geschäftsunfähigkeit, der Bewusstlosigkeit oder der Störung der Geistestätigkeit zu erkennen gibt, dass er die Ehe fortsetzen will.

§19.
(aufgehoben)

§20.
(1) Eine Ehe ist nichtig, wenn einer der Ehegatten zur Zeit der Eheschließung mit einem Dritten in gültiger Ehe lebt.

(2) Ist vor der Eheschließung die Scheidung oder Aufhebung der früheren Ehe ausgesprochen worden, so ist, wenn das Urteil über die Scheidung oder Aufhebung der früheren Ehe nach Schließung der neuen Ehe rechtskräftig wird, die neue Ehe als von Anfang an gültig anzusehen.

§21.
(1) Eine Ehe ist nichtig, wenn sie zwischen Verwandten oder Verschwägerten dem Verbote des § 4 zuwider geschlossen worden ist.
(2) Die Ehe zwischen Verschwägerten ist jedoch als von Anfang an gültig anzusehen, wenn die Befreiung nach Maßgabe der Vorschrift des § 4 Abs. 3 nachträglich bewilligt wird.

II. Auch die kirchliche Eheschließung kann für nichtig erklärt werden, wenn gewisse formale Mängel vorliegen bzw. Ehehindernisse vorhanden sind, die die jeweilige Person betreffen (aus katholischer Sicht zum Beispiel, wenn einer der Partner bereits einmal kirchlich getraut war, wieder geschieden wurde und nun versucht, unter Verheimlichung dieses Zustandes nochmals zu heiraten).

Die Aufhebung einer Ehe, abgesehen von der Scheidung, ist unter ganz bestimmten Bedingungen möglich:

I. Wann ist die Aufhebung einer Ehe möglich? §

- § 30 EheG: Ein Ehegatte war zum Zeitpunkt der Eheschließung in der Geschäftsfähigkeit beschränkt, und sein gesetzlicher Vertreter hatte die notwendige Einwilligung zur Eheschließung nicht gegeben.
- § 31 EheG: Eine Ehe kann aufgehoben werden, wenn einer der Ehegatten nicht wusste, dass es sich bei der Zeremonie um eine Eheschließung handelte.

- § 32 EheG: Ein Ehegatte kann Auflösung der Ehe begehren, wenn er durch arglistige Täuschung über Umstände, die für die Schließung einer Ehe maßgeblich waren, zur Eheschließung bewogen wurde.
- § 33 EheG: Ein Ehegatte kann die Aufhebung der Ehe begehren, wenn er zur Eingehung der Ehe arglistig getäuscht wurde und wenn ihn die Kenntnis der richtigen und zutreffenden Sachlage von der Ehe abgehalten hätte.
- §34 EheG: Ebenso kann die Auflösung einer Ehe beantragt werden, wenn sie durch Drohungen zustande kam.

II. Frist

Die Klage zur Aufhebung einer Ehe muss in einer bestimmten Frist erfolgen. § 35 bestimmt, dass sie innerhalb eines Jahres erhoben werden muss. Dabei beginnt diese Frist

- im Fall des § 30 mit dem Zeitpunkt der Eheschließung;
- in den Fällen der §§ 31 bis 33 mit dem Zeitpunkt, zu welchem der Ehegatte den Irrtum oder die Täuschung erkannte;
- im Fall des § 34 mit dem Zeitpunkt, zu dem die Zwangslage beendet war.

III. Einschränkungen

Eine Auflösung der Ehe ist nicht zulässig, wenn der Ehegatte erklärt hat, dass er trotz der Sachverhalte der §§ 30–34 bereit sei, die Ehe fortzuführen.

IV. Form

§ 29 bestimmt, dass die Ehe durch ein gerichtliches Urteil aufgehoben wird. Sie ist mit der Rechtskraft des Urteils aufgelöst.

Gleichgeschlechtliche und die Ehe / Homo-Ehe / Eingetragene Lebenspartnerschaft

§

Gleichgeschlechtliche Partner können keine Ehe eingehen. Allerdings hat der Gesetzgeber Ende 2000 mit dem Gesetz zur eingetragenen Partnerschaft die sogenannte Homo-Ehe ermöglicht. Seit Mitte 2001 können schwule und lesbische Paare ihre Beziehung nun amtlich besiegeln lassen. Die eingetragene Lebenspartnerschaft ist in vielen Bereichen der Ehe angeglichen. Zu nennen sind insbesondere folgende Punkte:

Allgemeine Pflichten: Lebenspartner sind wie Eheleute einander zur Fürsorge und Unterstützung sowie zur gemeinsamen Lebensgestaltung verpflichtet. Sie tragen füreinander Verantwortung. Das bedeutet eine umfassende Verpflichtung zur wechselseitigen Unterstützung und Hilfeleistung in allen Lebenslagen.

Gemeinsamer Name: Lebenspartner können einen gemeinsamen Namen bestimmen oder den Geburtsnamen eines Lebenspartners wählen. Jeder Lebenspartner kann seinen Namen dem gemeinsamen Namen voranstellen oder anfügen.

Unterhalt: Nach den gleichen Vorschriften sind Lebenspartner wie Eheleute einander zum gemeinsamen Lebensunterhalt verpflichtet. Damit wird alles umfasst, was nach den Verhältnissen der Lebenspartner erforderlich ist, um die Kosten des Haushalts zu bestreiten und die persönlichen Bedürfnisse des Lebenspartners zu befriedigen.

Güterstand und Schlüsselgewalt: Ebenso wie Eheleute leben Lebenspartner im gesetzlichen Güterstand der Zugewinngemeinschaft. Alles, was der Einzelne vor Beginn der Lebenspartnerschaft besaß, bleibt persönliches Eigentum. Alles, was beide während ihrer eingetragenen Lebenspartnerschaft erwerben, gehört ihnen beiden zusammen. Ebenso wie Eheleute können sie ihre Vermögensverhältnisse individuell durch notariellen Vertrag regeln.

Aufhebung der Lebenspartnerschaft: Die eingetragene Lebenspartnerschaft kann durch Urteil des Familiengerichts aufgehoben werden, wenn beide Lebenspartner erklärt haben, die Lebenspartnerschaft nicht fortsetzen zu wollen, und seit der Erklärung ein Jahr vergangen ist. Bei einseitiger Erklärung muss der Lebenspartner wie ein Ehegatte drei Jahre warten. Ohne Wartezeit kann die Lebenspartnerschaft aufgehoben werden, wenn die Fortsetzung aus Gründen, die in der Person des Partners liegen, eine unzumutbare Härte wäre. Während der Trennung kann der Lebenspartner von dem anderen den nach den Lebensverhältnissen angemessenen Unterhalt verlangen.

Rechtliche Konsequenzen (Bundesrepublik Deutschland)

§ Die Rechtsgrundlagen der Ehe sind im *Familienrecht* zu suchen. Das Familienrecht ist das Recht der sich aus Ehe, Verwandtschaft und Verlöbnis ergebenden Lebensbeziehungen. Es wird in folgende Gebiete eingeteilt:

- *Eherecht* (§§ 1–39, 48 EheG; §§ 1297–1588 BGB)
- *Verwandtschaftsrecht* (§§ 1579–1772 BGB)
- *Vormundschaftsrecht* (§§ 1773–1921 BGB)

Das Familienrecht hat in den letzten dreißig Jahren so grundsätzliche Änderungen wie kaum ein anderes Rechtsgebiet erfahren. Basierend auf den Artikeln 3, II und 6 des Grundgesetzes, in denen die Stellung der Ehefrau und des nichtehelichen

Kindes beschrieben sind, gingen veränderte gesellschaftliche Anschauungen in die Rechtsgebiete ein. Die wichtigsten Änderungen dieser Entwicklung stellten die Gesetze zur *Reform des Ehe- und Familienrechts* vom 14. 6. 1976 und der Annahme des nichtehelichen Kindes vom 2. 7. 1976 dar.

Im Familienrecht werden insbesondere folgende Sachverhalte geregelt:

- *Ehename*
- *Mitarbeit in Haushalt und Beruf*
- *Scheidung*
- *Stellung der nichtehelichen Kinder*
- *Güterstand.*

Unser heute geltendes Familienrecht stammt aus den 70er Jahren des letzten Jahrhunderts. Die soziale Wirklichkeit in der alten Bundesrepublik sah seinerzeit so aus, dass die meisten Ehefrauen mit der Geburt des ersten Kindes ihre Berufstätigkeit aufgaben und später nicht mehr oder nur in geringem Umfang in das Erwerbsleben zurückkehrten.
Der Mann machte während der oft langjährigen Ehe Karriere, verdiente Geld, erwarb Vermögen und konnte sich eine ausreichende Altersversorgung aufbauen. »Die Frau an seiner Seite« versorgte Kinder und Haushalt und hätte bei einem Scheitern der Ehe praktisch vor dem Nichts gestanden.
Erklärtes Anliegen des Gesetzgebers war es daher, die Hausfrauen und Mütter beim Scheitern der Ehe vor dem sozialen Abstieg zu schützen.
Die hier dargestellten Vorschriften über den Versorgungs- und den Zugewinnausgleich sowie den Ehegattenunterhalt sind auf diese Hausfrauen-Ehe zugeschnitten und dienen in erster Linie dem Schutz der Frau.

Die »klassische« Hausfrauen-Ehe gibt es zwar auch heute noch, aber immer mehr Frauen wollen auf eine eigene berufliche Karriere nicht verzichten. »Doppelverdiener-Ehen« mit nur kurzen Unterbrechungszeiten für die Kindererziehung werden mehr und mehr zur sozialen Realität. Der Gesetzgeber hat zwar versucht, das Familienrecht dieser Entwicklung anzupassen. Trotzdem mag dies in dem einen oder anderen Fall nicht ausreichend sein.
Es liegt also nahe, für die eigene Ehe eine auf die individuelle Situation zugeschnittene spezielle Regelung zu finden. Das Mittel dazu ist der Ehevertrag.
Eheverträge können zu Beginn der Ehe, aber auch noch später (auch noch nach Jahren) geschlossen werden.

Im Allgemeinen werden in einem Ehevertrag folgende Sachverhalte geregelt:

- Güterstand
- Versorgungsausgleich
- Unterhalt

Zwar haben die beiden Partner Vertragsfreiheit. Sie ist aber nicht beliebig. Sie hat ihre Grenze, wenn ein Ehevertrag

- gegen ein gesetzliches Verbot oder
- gegen die »guten Sitten« verstößt,
- Regelungen enthält, die zu Lasten nicht am Vertrag beteiligter Dritter gehen.

Das heißt:

1. Die Voraussetzungen, unter denen eine Ehe geschieden werden kann, sind im Gesetz zwingend vorgeschrieben. Sie können von den Eheleuten nicht geändert werden. Verein-

barungen, dass ein Scheidungsantrag nur unter bestimmten Voraussetzungen gestellt werden darf (z.B.: Scheidungsantrag nur bei Ehebruch des anderen) oder dass ein Scheidungsantrag unter bestimmten Voraussetzungen nicht gestellt werden darf (z.B.: kein Scheidungsantrag beim Vorhandensein minderjähriger Kinder) sind daher unwirksam.

2. Verträge, die gegen die »guten Sitten« verstoßen, sind ebenfalls unwirksam. Den guten Sitten entspricht eine gleichberechtigte Partnerschaft in der Ehe.
   »Sittenwidrig« kann ein Vertrag daher dann sein, wenn der wirtschaftlich überlegene Vertragspartner dem anderen Teil seinen Willen aufdrückt und den Unterlegenen dadurch einseitig benachteiligt, dass gesetzliche Ansprüche oder Rechte des Partners ohne entsprechende Gegenleistung ausgeschlossen werden. Nach der Rechtsprechung des Bundesverfassungsgerichts können und müssen die Gerichte Eheverträge auf eine eventuelle Sittenwidrigkeit prüfen.
3. Zwei Vertragspartner können keine Regelungen treffen, die zu Lasten eines nicht am Vertrag beteiligten Dritten gehen. Ein solcher »Vertrag zu Lasten Dritter« ist auch im Familienrecht unwirksam. Dies könnte in folgenden Fällen eine Rolle spielen:
   Bestimmungen in Eheverträgen, in denen im Voraus auf die Zahlung von Kindesunterhalt verzichtet wird, sind null und nichtig. Der Unterhaltsanspruch steht dem Kind zu, ein Elternteil kann nicht zu Lasten des Kindes darauf verzichten. Nichtig sind Verträge, die zu Lasten des Trägers der Sozialhilfe gehen.

Folgende Vereinbarungen in einem Ehevertrag bedürfen für ihre Wirksamkeit zwingend der notariellen Beurkundung:

- *Die Vereinbarung der Gütertrennung*
- *alle anderen Vereinbarungen über den Zugewinnausgleich*
- *alle Vereinbarungen zum Versorgungsausgleich*
- *alle Vereinbarungen, mit denen Grundstücke und Eigentumswohnungen übertragen oder belastet werden sollen*
- *bei Beteiligung eines ausländischen Partners eine Vereinbarung darüber, welches Recht Anwendung finden soll*

Wird eine solche Vereinbarung ohne notarielle Form geschlossen, ist sie null und nichtig. Keiner der Eheleute kann sich auf sie berufen.
Durch die notarielle Beurkundung soll sichergestellt werde, dass die Eheleute umfassend über die Folgen und Risiken einer entsprechenden Regelung aufgeklärt werden.

Güterstand

€ Der »Güterstand« behandelt die gegenseitigen Vermögensansprüche der Partner. Dies ist für den Fall einer eventuellen Trennung und für die Erbfolge im Todesfall von praktischer Bedeutung. Verankert sind die gegenseitigen Vermögensansprüche im Bürgerlichen Gesetzbuch, Abschnitt »Eheliches Güterrecht« (§§ 1363 ff.). Der Güterstand der *Zugewinngemeinschaft* ist der Normalfall. Das Gesetz geht davon aus, dass ohne anders lautende Vereinbarung der Ehepartner dieser Güterstand zugrunde zu legen sei. Er stellt eine gewisse Kombination zwischen Gütertrennung und Gütergemeinschaft dar: Die Güter, die ein Ehepaar in die gemeinsame Ehe einbringt, bleiben nach wie vor Eigentum desjenigen Partners, der dieses Gut eingebracht hat. Auch wenn ein Ehepartner nach der Eheschließung etwas erbt oder geschenkt bekommt, geht dieses in sein Alleineigentum über. Die Güter, die dem Ehepartner allein gehören, können von ihm auch allein verwaltet, verschenkt

€

oder verkauft werden. Der andere muss dabei nicht gefragt werden und hat auch keinerlei Einspruchsrecht. Jedoch gehört all das, was während der Ehe gemeinschaftlich erwirtschaftet wird, beiden gleichermaßen. Beide haben darüber gemeinsam die Verfügungsgewalt. Im Falle einer Scheidung werden diese Güter mittels des sogenannten Zugewinnausgleichs geteilt.

Als Besonderheit kann aber auch die *Gütertrennung* oder die *Gütergemeinschaft* vereinbart werden. Eine solche Erklärung ist gegenüber dem Amtsgericht des Bezirkes, in dem der Mann seinen Wohnsitz hat, abzugeben. Die Erklärung muss gerichtlich und notariell beurkundet werden.

Die Gütertrennung bedeutet, dass jeder sein eigenes Vermögen besitzt und behält. In diesem Fall geht all das, was vom Einkommen des einen gekauft wird, in dessen Eigentum über. Bei einer Scheidung nimmt jeder seine Vermögensteile mit. Die Gütertrennung wird häufig von Unternehmern gewählt, die für ihr Unternehmen voll haften und deren Privatvermögen Bestandteil einer eventuellen Konkursmasse darstellen würde. Für sie ergibt sich durch die Gütertrennung eine gewisse Risikominderung.

Bei der Gütergemeinschaft ist es gerade umgekehrt. Hier steht das gesamte Vermögen beiden Ehepartnern gemeinschaftlich zu. Bei einer Scheidung wird ein Auseinandersetzungsverfahren durchgeführt.

	Zugewinngemeinschaft	Gütertrennung	Gütergemeinschaft
Entstehung	durch Gesetz ab Eheschließung	durch einen notariell beurkundeten Vertrag; die Eintragung in das Güterrechtsregister ist möglich, aber nicht notwendig	durch notariell beurkundeten Vertrag; die Eintragung in das Güterrechtsregister ist möglich, aber nicht notwendig
Beendigung	durch den Abschluss eines Ehevertrages über einen anderen Güterstand, durch den Tod eines Ehegatten	durch den Abschluss eines Ehevertrages über einen anderen Güterstand, durch den Tod eines Ehegatten	durch den Abschluss eines Ehevertrages über einen anderen Güterstand durch den Tod eines Ehegatten
Auswirkung	Jeder Ehegatte behält das in die Ehe eingebrachte und durch Erbschaft/Schenkung hinzukommende Vermögen. Es handelt sich um das Anfangsvermögen. Ferner erhält er den in der Ehe erwirtschafteten Zugewinn. (Zugewinn = Endvermögen minus Anfangsvermögen)	Jeder Ehegatte behält das alleinige Eigentum an seinem Vermögen.	Das Vermögen beider Ehegatten wird gemeinschaftliches Vermögen (Gesamtgut).
Folgen der Beendigung	❑ durch den Tod eines Ehegatten: Der Ausgleich erfolgt durch Erhöhung der Erbquote des überlebenden Ehegatten um 1/4. ❑ durch Ehescheidung oder Wechsel des Güterstandes: Der Ausgleich erfolgt bei jeder Person durch Ausgleich des tatsächlich entstandenen Zugewinns.	Die Beendigung hat keine Folgen.	Bei Tod eines Ehegatten oder durch Wechsel des Güterstandes wird das Gemeinschaftsvermögen jedem Ehegatten hälftig zugeteilt.

Namensrecht: Wie möchten Sie nach der Hochzeit heißen?

Wer die Wahl hat, hat die Qual!

§

Früher war die Regelung einfach. Kraft Gesetzes wurde automatisch der Geburtsname des Mannes Ehename. Heute, aufgrund der Neuordnung des Familiennamensrechts, kann man den zukünftig zu führenden Namen wählen. Nach § 1355 BGB sollen die Ehegatten einen gemeinsamen Familiennamen (Ehenamen) bestimmen. Zum Ehenamen kann man den Geburtsnamen des Mannes oder der Frau oder den zur Zeit der Erklärung geführten Familiennamen (z.B. ein Ehename aus einer Vorehe) wählen. Die Möglichkeit, einen aus beiden Namen zusammengesetzten (Doppel-)Namen zum Ehenamen zu bestimmen, ist nach dem eindeutigen Wortlaut und Willen des Gesetzes verwehrt. Führt einer der Ehegatten bei Eingehung der Ehe einen Doppelnamen als Geburtsnamen, kann dieser aber zum Ehenamen gewählt werden. Wird bei der Eheschließung keine Bestimmung des Ehenamens vorgenommen, so bleiben die am Tag der Eheschließung geführte Namen in der Ehe weiter gültig. Das Ehepaar hat aber noch die Möglichkeit, während der Ehe einen gemeinsamen Ehenamen zu bestimmen. Es gibt keine zeitliche Befristung.

Wichtiger Hinweis zur Ehenamensführung (Neuregelung seit 12. 2. 2005)

i

Paare, die vor dem 12. 2. 2005 einen Ehenamen bestimmt haben, können innerhalb eines Jahres erklären, dass sie den Familiennamen, den einer von ihnen zur Zeit der Ehenamensbestimmung geführt hat, zum neuen Ehenamen bestimmen.

Gibt es noch Doppelnamen?

Ein Ehegatte, dessen Name nicht Ehename wird, kann durch Erklärung gegenüber dem Standesbeamten dem Ehenamen seinen Geburtsnamen oder den zur Zeit der Erklärung über die Bestimmung des Ehenamens geführten Namen voranstellen oder anfügen. Dies gilt nicht, wenn der Ehename aus mehreren Namen besteht. Besteht der Name des Ehegatten aus mehreren Namen, so kann nur einer dieser Namen hinzugefügt werden. Ein aus mehreren Wörtern zusammengesetzter Name, der herkömmlich als Einheit empfunden wird (z.B. Name mit früherer Adelsbezeichnung), gilt als Einzelname. Der vorangestellte oder angefügte Name und der Ehename werden wie bisher durch Bindestrich miteinander verbunden. Die Hinzufügung ist an keine Frist gebunden. Sie kann entweder bei der Eheschließung oder zu einem späteren Zeitpunkt erklärt werden. Von diesem Recht kann auch der verwitwete oder geschiedene Ehegatte oder der Ehegatte, dessen Ehe aufgehoben ist, Gebrauch machen, solange er den Ehenamen führt. Neu ist auch, dass Sie den hinzugefügten Namensteil – ohne zeitliche Begrenzung – wieder ablegen können.

Melde- und Ausweisangelegenheiten

Der Standesbeamte informiert die Meldebehörde über die Eheschließung und Ihre Namensführung. Wenn sich die Anschrift ändert, sollte man diese innerhalb einer Woche beim Bürgeramt an- oder ummelden.

Steuerliche Konsequenzen (Bundesrepublik Deutschland)

Im Jahr der Eheschließung kann eine Änderung der Steuerklasse beantragt werden. Der Arbeitnehmer kann seine Steuerklasse von I (ledige Arbeitnehmer) auf III, IV oder V umschreiben lassen. Dies bedeutet für ihn mitunter eine beträchtliche Steuerersparnis. Um die Konsequenzen zu verstehen, die sich aus dieser Wahl ergeben, muss etwas gründlicher auf die Thematik eingegangen werden.

Die *Lohnsteuerkarte* ist für die Besteuerung das wichtigste Instrument, weil der Arbeitgeber ihr die für die Höhe der einzubehaltenden Lohnsteuer maßgeblichen Angaben entnimmt.

Der Arbeitnehmer darf grundsätzlich selbst keine Eintragungen auf der Lohnsteuerkarte vornehmen. Ergänzungen, Änderungen und Korrekturen kann er bei der hierfür zuständigen Behörde beantragen. Das ist entweder die Gemeinde oder das zuständige Finanzamt. Die Möglichkeit zur *Änderung der Steuerklasse* sollte man grundsätzlich in Anspruch nehmen. Die günstigere Einkommensteuerklasse macht sich gleich bei den monatlichen Steuerabzügen bemerkbar, während man sonst zu viel gezahlte Lohnsteuer erst im Rahmen des Lohnsteuerjahresausgleichs zurückerhält.

Der Arbeitnehmer, der bisher Klasse I hatte und nun heiratet, hat mehrere Wahlmöglichkeiten:

- Bezieht einer der Ehegatten keinen Arbeitslohn, so fällt der andere, also der Arbeitnehmer, unter die Steuerklasse III.
- Verdienen jedoch beide und sind beide einkommensteuerpflichtig, so kommt entweder für beide Ehegatten die Lohnsteuerklasse IV oder für den einen Klasse III und für den anderen Klasse V in Frage. Anhand der Lohnsteuertabelle kann man leicht erkennen, dass von diesen drei Lohnsteuerklassen die Klasse III am günstigsten, die Klasse V am ungünstigsten ist.

Hat ein Ehegatte also einen sehr hohen Arbeitslohn, der andere einen sehr niedrigen, wird es sich anbieten, dass der mit dem hohen Arbeitslohn Klasse III wählt, der andere Klasse V. Haben jedoch beide Ehegatten einen ungefähr gleich hohen Lohn, so wird es sich empfehlen, für beide Ehegatten die Klasse IV zu beantragen.

Die Finanzämter haben eine Tabelle zur Steuerklassenwahl ausgearbeitet. Es lohnt sich also, die entsprechende Wahl nach Einsicht in diese Tabelle zu treffen. Man kann ruhig das zuständige Finanzamt ansprechen.

Für die einkommensteuerpflichtigen Ehegatten ist auch noch die Wahl der richtigen *Veranlagungsform* von Bedeutung.

Wenn beide unbeschränkt steuerpflichtig sind, können die Ehegatten zwischen getrennter und gemeinsamer Veranlagung (Zusammenveranlagung) wählen. In der Regel ist die Zusammenveranlagung günstiger. In diesem Fall wird zur Errechnung der Steuerschuld die sogenannte Splittingtabelle angewendet. Der Splittingtabelle liegt die Ermittlung der Einkommensteuer in der Weise zugrunde, dass die Einkommensteuer für die Hälfte des gesamten zu versteuernden Einkommensbetrages beider Ehegatten aus der Einkommensteuertabelle entnommen und der sich ergebende Betrag verdoppelt wird. Daraus folgt ein spürbarer Vorteil im Hinblick auf die Progression.

Gibt man gegenüber dem Finanzamt nichts anderes an, wird unterstellt, dass die Ehegatten die Zusammenveranlagung gewählt haben. Will man jedoch eine getrennte Veranlagung und hat dies dem Finanzamt gegenüber erklärt, so gibt es kein Zurück mehr, sobald der Einkommensteuerbescheid rechtskräftig geworden ist.

Besondere Fälle

Ehen mit Ausländern

§

Der Ehe mit einem Ausländer bzw. einer Ausländerin kann in Deutschland ein komplizierter »Papierkrieg« vorausgehen.
Das Ehepaar wird in Deutschland nach deutschem Recht getraut. Aus diesem Grund muss der ausländische Ehepartner vor dem Standesamt nachweisen, dass seiner Eheschließung nicht ein in den Gesetzen seines Heimatlandes begründetes Eheverbot entgegensteht. Das heißt, er muss nachweisen, dass er nicht bereits durch eine gültige Ehe gebunden ist. Die hierfür erforderliche Bescheinigung heißt »Ehefähigkeitszeugnis«.
Dieses wird in der Regel vom zuständigen Konsulat ausgestellt. Eine Befreiung vom Erbringen des Ehefähigkeitszeugnisses kann der Präsident des Oberlandesgerichtes, in dessen Bezirk die Ehe geschlossen wird, erteilen. Eine solche Befreiung soll Staatenlosen und Angehörigen solcher Staaten erteilt werden, deren Behörden kein Ehefähigkeitszeugnis ausstellen. Hierfür wird eine Gebühr zwischen 100 und 1000 Euro erhoben.

Alle Urkunden in einer fremden Sprache müssen dem Standesamt in einer beglaubigten Übersetzung vorliegen.
Im Einzelfall kann man bei Fragen folgende Stellen kontaktieren:

i

Deutsches Rotes Kreuz
Generalsekretariat
Referat 24
Pf 1400, 53004 Bonn
Tel. 02 28/5414 87

Beratungsstelle des Instituts für Ausländerbeziehungen

Charlottenplatz 17
70173 Stuttgart
Tel. 0711/22 25-0

Verband binationaler Familien und Partnerschaften

Goethestraße 53
80336 München
Tel. 0 89/53 1414

Ehen im Ausland

Wird eine Ehe im Ausland geschlossen, so verlangt man dort vom deutschen Partner ebenfalls ein Ehefähigkeitszeugnis. Er erhält es beim heimatlichen Standesamt.
Besitzt er bereits einen festen Wohnsitz im Ausland, so wird das Ehefähigkeitszeugnis ausgestellt vom:

Standesamt Dahlem
Lentzeallee 107
14195 Berlin

Wer über Hochzeiten im Ausland mehr wissen will, kann sich hier informieren:
http://www.weddix.de/reise/hia/index.shtml

Andere Völker, andere Sitten

Die Form der Ehe ist nicht überall gleich. Sie ist eingebettet in das gesellschaftliche Umfeld und damit auch abhängig von den jeweiligen gesellschaftlichen Normen.
Die am weitesten verbreitete Form der Ehe ist die *Einehe oder Monogamie*, das heißt die Dauerverbindung eines Menschen mit einem Menschen des anderen Geschlechts. Die Einehe ist seit Jahrhunderten im Abendland üblich und die einzige gesetzlich erlaubte Eheform in Deutschland.
Daneben gibt es die *Mehrehe oder Polygamie.* Sie ist die Verbindung eines Menschen mit einer Mehrzahl von Menschen des anderen Geschlechts. Man unterscheidet zwischen Vielweiberei oder Polygynie (entspricht der ehelichen Verbindung eines Mannes mit mehreren Frauen) oder der Vielmännerei oder Polyandrie (entspricht der ehelichen Verbindung einer Frau mit mehreren Männern).
Diese Eheformen sind besonders in Afrika verbreitet. Dazu muss jedoch gesagt werden, dass diese Formen nicht unbedingt mit dem sexuellen Übergewicht des einen oder anderen Partners zu tun haben, sondern auch auf soziale Umstände zurückzuführen sind, wie Männer- oder Frauenüberschuss.
Wenn auch die Einehe in Europa seit vielen Jahrhunderten üblich ist, so ist sie nichtsdestoweniger einem gewissen gesellschaftlichen Wandel unterworfen. Hier sei nur an die früher doch sehr standesbewusst ausgerichtete Eheschließung beispielsweise in Deutschland erinnert, an eine Zeit, zu der es kaum möglich war, eine Ehe zwischen Partnern aus verschiedenen gesellschaftlichen Schichten zu schließen.
Zur Umgehung dieser gesellschaftlichen Zwänge wurden immer wieder Lücken gesucht; man schuf solche auch ganz gezielt.

Einige Orte entdeckten regelrecht das Geschäft mit der Eheschließung, die »Hochzeit als Marktlücke« sozusagen. Als Stichworte seien hier genannt Gretna Green, Las Vegas und Tondern.

Gretna Green ist ein kleines Städtchen in Schottland nahe der englischen Grenze. Es wurde berühmt, weil in Gretna Green das Heiraten besonders einfach war und vor allen Dingen auch ohne Zustimmung der Eltern (bei Minderjährigen) vollzogen wurde. In der Mitte des 18. Jahrhunderts galt in Schottland das alte kanonische Recht, nach dem jede Eheerklärung zweier Personen für die Vollgültigkeit der Ehe genügte. Man brauchte keinerlei weitere Genehmigungen. Dieses Recht besaß in England selbst keine Gültigkeit. Bei Minderjährigen war die Zustimmung der Eltern zwingend vorgeschrieben. Und so zogen viele heiratslustige minderjährige Paare, die genau wussten, dass sie nicht mit der Zustimmung ihrer Eltern rechnen konnten, über die Grenze nach Gretna Green und ließen sich dort trauen.
Der Gemeindevorstand von Gretna Green hatte offensichtlich die Marktlücke erkannt und spezialisierte sich auf Schnelltrauungen. Lediglich eine Bedingung wurde gestellt: Die Brautleute hatten vor der Heirat mindestens 21 Tage in Schottland zu leben. Allein aus finanzieller Sicht waren diese Praktiken äußerst erfreulich für die Bürger von Gretna Green.
In neuerer Zeit kamen immer mehr und immer jüngere Paare nach Gretna Green – und nicht nur aus dem angrenzenden England. Der internationale Widerstand wurde schließlich so heftig, dass im Jahre 1969 die Eheschließungen nach altem kanonischem Recht auch in Gretna Green eingestellt wurden.

Einen ähnlichen Ruf besitzt heute noch *Las Vegas,* allerdings ist es weniger für seine gesetzliche Freizügigkeit als vielmehr für seine Schnelligkeit bekannt. So können dort innerhalb von

24 Stunden Eheschließungen und Ehescheidungen durchgeführt werden. Etwas für Schnellentschlossene!

Nur drei Kilometer entfernt von der deutschen Grenze liegt in Dänemark das 7500-Seelen-Dorf *Tondern.* Es ist gewissermaßen das neue Gretna Green. Problempaare, die es in anderen Ländern schwer haben zu heiraten, können dies dort ohne bürokratischen Papierkrieg. Die Hochzeitskandidaten müssen mündig, ledig und volljährig sein. Als Papiere genügen Reisepass und Aufenthaltsbescheinigung. Geschiedene müssen das Scheidungsurteil mitbringen. Weitere Bedingung ist, dass man sich mindestens drei Tage in Tondern aufhält und dies mit der Quittung eines örtlichen Hotels belegt.

II. Grundsätzliche Vorbereitungen und Überlegungen

Will man eine konventionelle Hochzeit »mit allem Drum und Dran« veranstalten, so kann die Hektik der Vorbereitungen die Feier stark beeinträchtigen. Dies liegt jedoch fast ausschließlich an einer ungenügenden Organisation.
Die Vorbereitung und Planung kann nämlich in aller Ruhe geschehen, wenn man eine gewisse Systematik einhält. Die im Folgenden erläuterten Schritte der Vorbereitung stellen die *Grobplanung* dar. Ist sie abgeschlossen, kann man mit ebenso großer Ruhe zur Detailplanung übergehen.

Anmeldung der Eheschließung (früher: Aufgebot)

Beschreibung

Das Brautpaar muss die Eheschließung beim Standesbeamten anmelden und die dafür erforderlichen Papiere beschaffen. Grundsätzlich müssen die Verlobten persönlich beim Standesbeamten vorsprechen. Ist einer der Verlobten verhindert, kann er den anderen Verlobten schriftlich ermächtigen. Ausnahmsweise, wenn beide Verlobte aus wichtigem Grund verhindert sind, kann die Eheschließung schriftlich oder durch einen Vertreter angemeldet werden. Welcher Standesbeamte für die Anmeldung der Eheschließung zuständig ist, hängt vom Wohnsitz

der Heiratswilligen ab. Haben die Verlobten unterschiedliche Wohnsitze, können sie sich aussuchen, bei welchem der zuständigen Standesbeamten sie die Ehe anmelden wollen.
Die Zuständigkeit ist jedoch nur für die Anmeldung der Eheschließung bindend. Die Ehe kann vor jedem Standesbeamten in Deutschland geschlossen werden. Voraussetzung ist allerdings, dass der Standesbeamte, bei dem die Ehe angemeldet wurde, den Standesbeamten, bei dem die Ehe geschlossen werden soll, ermächtigt.
Die Anmeldung der Eheschließung ist erforderlich, damit der Standesbeamte feststellen kann, ob die rechtlichen Voraussetzungen für eine Eheschließung erfüllt sind oder ob dem Heiratswunsch ein Eheverbot entgegensteht (Prüfung der Ehefähigkeit). Der Standesbeamte muss dazu einige Fragen an die Heiratswilligen stellen.

Die notwendigen Papiere

In der Bundesrepublik Deutschland erforderliche Heiratsdokumente

Erforderliche Unterlagen

In der Regel sind folgende Unterlagen vorzulegen:

Von Verlobten, die beide noch nicht verheiratet waren und volljährig und Deutsche sind

- eine beglaubigte Abschrift aus dem Familienbuch der Eltern (nicht älter als 6 Monate), wenn deren Ehe nach dem 31. 12. 1957 in der Bundesrepublik Deutschland oder Berlin (West) geschlossen wurde. Diese Urkunde (nicht zu verwechseln mit dem Familienstammbuch der Eltern) ist in der Regel beim Standesamt des Wohnortes der Eltern erhältlich. In allen anderen Fällen (z.B. Eheschließung der Eltern vor 1958 bzw. Eheschließung der Eltern in der ehemaligen DDR vor dem 3. 10. 1990) anstelle der Abschrift aus dem Familienbuch eine neueste Abstammungsurkunde (nicht älter als 6 Monate) des jeweiligen Verlobten. Diese ist beim Standesamt des Geburtsortes erhältlich;

- Aufenthaltsbescheinigung, ausgestellt zum Zwecke der Eheschließung mit Angabe des Familienstandes, der Staatsangehörigkeit und der Wohnung, erhältlich beim Einwohnermeldeamt des Hauptwohnsitzes;
- eine Abstammungsurkunde gemeinsamer Kinder (nicht älter als 6 Monate) erhältlich beim Standesamt, das für den Geburtsort des Kindes zuständig ist;
- gültiger Reisepass oder Personalausweis;
- einen Nachweis für die Berufsbezeichnung, wenn die Berufsbezeichnung auf Grund eines besonderen Verfahrens verliehen wurde (z.B. Ernennungsurkunde, Approbation, Meisterbrief);
- einen Nachweis über einen akademischen Grad, wenn dieser eingetragen werden soll (z.B. Promotions-/Diplomurkunde).

Von Verlobten, die bereits verheiratet waren:

- an Stelle der Abschrift aus dem Familienbuch der Eltern eine neu ausgestellte Abstammungsurkunde, die beim Standesamt des Geburtsortes erhältlich ist;
- ein urkundlicher Nachweis über die Auflösung der letzten Ehe (z.B. Tod, Scheidung). In der Regel kann der Nachweis durch eine neueste beglaubigte Abschrift aus dem Familienbuch dieser Ehe erbracht werden, wenn die Ehe nach dem 31.12.1957 in der Bundesrepublik Deutschland oder im damaligen Berlin (West) geschlossen wurde; seit dem Anschluss der neuen Bundesländer werden in ganz Deutschland Familienbücher nach einer Eheschließung angelegt. Bei welchem Standesamt das Famimilienbuch geführt wird, kann auch beim Standesamt am Wohnort erfragt werden.

Zwei Checklisten sollen helfen, die notwendigen Dokumente leichter zur Verfügung zu stellen:

1. Dokumente für das Standesamt

Dokument	**Erläuterung**	**Woher?**
Personalausweis- oder Reisepass	Persönliches Legitimationspapier	Unterlage müsste dem Partner vorliegen.
Aufenthaltsbescheinigung (Familienstands- und Wohnsitzbescheinigung)	Auskunft über den Familienstand, sollte nicht älter als vier Wochen sein.	Meldebehörde
Personenstandsurkunde	Beglaubigte Abschrift aus dem Familienbuch der der Eltern, wenn die Eheschließung nach dem 1. 1. 58 im Bundesgebiet erfolgte	Besteht die Ehe der Eltern noch: Standesamt am Wohnort der Eltern
Abstammungsurkunde	Notwendig, wenn die Eheschließung der Eltern vor dem 1. 1. 58 erfolgte Bei nichtehelich geborenen oder adoptierten Ehepartern ebenfalls notwendig	Standesamt des Geburtsortes des Partners
Diplom-, Promotionsurkunde	Der akademische Grad kann auf Wunsch und bei Nachweis mit in die Heiratsurkunde aufgenommen werden.	Unterlage müsste dem Partner vorliegen.
Nachweis der Staatsangehörigkeit	Speziell bei Ausländern	
Vollmacht	Kann ein Ehepartner aus wichtigem Grund zur Eheanmeldung nicht erscheinen, so kann er jemanden bevollmächtigen.	Standesamt
Heiratsurkunden	Heiratsurkunden aus früheren Ehen sind mit den rechtskräftigen Scheidungsurteilen vorzulegen, sofern die Eheschließenden bereits verheiratet waren.	Unterlage müsste dem Partner vorliegen.
Scheidungsurkunde	Heiratsurkunden aus früheren Ehen sind mit den rechtskräftigen Scheidungsurteilen vorzulegen, sofern die Eheschließenden bereits verheiratet waren.	Unterlage müsste dem Partner vorliegen.

2. Dokumente nach »Bedarf«

Man braucht nicht nur für die standesamtliche Trauung Dokumente, sondern auch noch in weiteren, unterschiedlich gelagerten Fällen. Die Suche soll die nächste Tabelle erleichtern. Suchen Sie sich einfach den eigenen »Fall« heraus, also »normale standesamtliche Trauung« mit oder ohne Zusatzbedingungen, zum Beispiel »einer der Ehepartner ist bereits geschieden«. Diesen Fall kreuzen Sie in der Checkliste an und besorgen die benötigten Dokumente. Es ist aufgeführt, wo Sie das jeweilige Dokument erhalten. Sind die erforderlichen Papiere vorhanden, kann man sie in der jeweiligen Spalte abhaken. So haben Sie jederzeit einen genauen Überblick darüber, welche Dokumente vorliegen und welche Sie noch besorgen müssen.
Hat man alle Dokumente beisammen, kann das Aufgebot bestellt und der standesamtliche Trauungstermin angemeldet werden.

Checkliste der Dokumente

Fall	Dokumente	wo erhältlich?	notwendig	vorhanden
Standesamtliche Trauung	Aufgebotsbescheinigung	Standesamt der Eheschließung		
	Abstammungs- oder Geburtsurkunde (auch Sterbe- oder Heiratsurkunden sind möglich)	jeweiliges Standesamt des Geburtsortes		
	Ledigen- und Aufenthaltsbescheinigung	Einwohnermeldeamt		
	gültiger Pass oder Personalausweis	Passamt, Gemeinde		
	Bayern und Baden-Württemberg: Nachweis der Staatsbürgerschaft	Einwohnermeldeamt oder Landratsamt		

Fall	Dokumente	wo erhältlich?	notwendig	vorhanden
Einer der Partner ist bereits geschieden.	rechtskräftiges Scheidungsurteil mit Begründung	Gericht, das die Scheidung ausgesprochen hat		
	bei früheren Ehen ab 1958: Abschrift aus dem Familienbuch	Standesamt des Wohnortes		
	bei früheren Ehen vor 1958: Stammbuch oder Heiratsurkunden	Standesamt der ehemaligen Eheschließung		
Die Scheidung wurde im Ausland vollzogen.	Anerkennung des ausländischen Urteils durch das deutsche Justizministerium	Justizministerium		
Das Brautpaar hat ein gemeinsames nichteheliches Kind.	Abstammungsurkunde	Standesamt des Geburtsortes des Kindes		
Das Brautpaar bringt ein nicht gemeinsames nichteheliches Kind in die Ehe ein.	Vermögensauseinandersetzungszeugnis	Vormundschaftsgericht am Wohnort des Kindes		
Einer der Partner ist verwitwet.	Sterbeurkunde des verstorbenen Ehepartners	Standesamt des Sterbeortes		
Einer der Partner bringt ein minderjähriges Kind aus erster Ehe ein.	Abstammungsurkunde Vermögensauseinandersetzungszeugnis	Standesamt des Geburtsortes des Kindes Vormundschaftsgericht am Wohnort des Kindes		
Eheschließung soll früher als zehn Monate nach einer vorausgegangenen Scheidung abgehalten werden.	Sondergenehmigung	Standesamt		
Brautleute sind verschwägert.	Befreiung vom Eheverbot zwischen Schwägern	Vormundschaftsgericht		
Einer der Brautleute ist nicht volljährig.	Volljährigkeitserklärung Hierzu ist die Einwilligungserklärung des gesetzlichen Vertreters bzw. des Sorgeberechtigten erforderlich. Diese Erklärung muss durch eine öffentliche oder eine öffentlich beglaubigte Urkunde nachgewiesen werden.	Vormundschaftsgericht		

Fall	Dokumente	wo erhältlich?	notwendig	vorhanden
Kirchliche Trauung	Taufschein	Taufpfarramt		
	Firmungszeugnis (kath.), Konfirmationszeugnis (ev.)	jeweiliges Pfarramt		
	Bescheinigung über das standesamtliche Aufgebot	Standesamt		

Heiratsdokumente für Schweizer Staatsbürger

Der Normalfall sieht so aus, dass beide Heiratswillige ledig und volljährig (20 Jahre alt) sind. Sie benötigen dann folgende Dokumente:

- je einen Zivilstandsausweis. Dieser wird am Familienwohnsitz ausgestellt beziehungsweise an dem Ort, an dem die Familie ins Registerbuch eingetragen ist;
- eine Geburtsurkunde, erhältlich bei der Meldebehörde des Geburtsorts;
- die Geburts- und Heiratsurkunden der Eltern;
- einen Schriftempfangsschein (Wohnortbescheinigung). Die Gemeindeverwaltung am Wohnort stellt ihn aus;
- ein polizeiliches Führungszeugnis.

Einzelne Heiratsbestimmungen unterscheiden sich in der Schweiz von Kanton zu Kanton, weshalb man sich über private Veröffentlichungen (Zeitschriften etc.) oder direkt beim zuständigen Standesamt näher informieren sollte.

Österreichische Heiratspapiere

Wenn beide Partner ledig und volljährig sind, so wird man sie bitten um

- ihre Geburtsurkunden (zu erfragen bei der Meldebehörde des jeweiligen Geburtsorts);
- die Heiratsurkunden der Eltern und deren Geburtsurkunden;
- die polizeilichen Aufenthaltsbestätigungen (bzw. Meldescheine), erhältlich bei der Gemeindeverwaltung am jeweiligen Wohnsitz;
- Staatsbürgerschaftsnachweis (Ausländer legen eine Kopie ihres Passes vor).

Handelt es sich bei einem oder beiden Partnern nicht um die erste Eheschließung, so sind auch noch erforderlich

- die Heiratsurkunden aus den Vorehen;
- Nachweis(e) über die Auflösung der Vorehen (Sterbeurkunde oder Scheidungsurteil).
- Von Ausländern wird zusätzlich ein Ehefähigkeitszeugnis verlangt, das der Standesbeamte ihres Heimatortes ausstellt.

Der Hochzeitsort

Ein Großteil der Folgeplanung ist vom jeweiligen Hochzeitsort abhängig. Deshalb wäre es gut, hierüber bald eine Klärung herbeizuführen.
Wenn Braut und Bräutigam noch an verschiedenen Orten leben, müssen sie sich für einen Hochzeitsort entscheiden.

Weiterhin ist zu klären, wo die standesamtliche und wo die kirchliche Trauung stattfinden sollen. Daraus ergeben sich häufig zeitliche Problem. Da viele Standesämter am Wochenende, also auch am Samstag, keine Amtshandlungen mehr vorneh-

men, muss der Verlauf der Feierlichkeiten auf die Behördenzeiten abgestimmt werden.
Die letzte Frage schließlich lautet, wo die Festlichkeiten abgehalten werden sollen – zu Hause, (wenn die Räumlichkeiten nicht ausreichen, kann man im Sommer auch ein passendes Zelt im Garten aufschlagen lassen), in einem Restaurant oder an einem ganz anderen Ort, vielleicht eher unkonventionell?
Für diesen letzteren Fall könnte man beispielsweise vorschlagen, das Hochzeitsfest auf einem gecharterten Ausflugsdampfer abzuhalten. Verkehrsbetriebe der Großstädte stellen häufig spezielle Straßenbahnwagen zur Verfügung. Auch bei der Deutschen Bahn kann man einen Waggon mieten und Hochzeit zwischen München und Hamburg feiern.
Dabei gibt es sicherlich noch andere Ideen und Anregungen, von der Berghütten-Hochzeit bis zur Busfahrt ins Grüne, von der Wald-Party bis zum Burgfest. Der Phantasie sind hier keine Grenzen gesetzt. Allerdings bewirken finanzielle Erwägungen, dass wohl meist die Entscheidung zwischen einer Feier zu Hause und in einem Restaurant zu treffen sein wird.
Für jede dieser Möglichkeiten sprechen gewichtige Gründe: Zu Hause ist es billiger, kann das Fest individueller und der Ablauf vermutlich gemütlicher gestaltet werden. Dennoch erscheint bei einer größeren Anzahl von Gästen das Restaurant geeigneter. Man hat weniger Arbeit, geringere organisatorische Probleme und kann das Fest selbst mehr genießen.
Vielleicht bietet sich auch eine Zwischenlösung an: Für Mittag- und Abendessen wählt man ein Restaurant in der Nähe der eigenen Wohnung und begibt sich zum Kaffeetrinken nach Hause, wo Helfer bereits Kaffee und Tee gekocht und ein Kuchenbüfett aufgebaut haben.
Diese Fragen nach dem Wie und Wo der Hochzeitsfeierlichkeiten sind frühzeitig zu klären, da davon nicht zuletzt die gesamte Kostenplanung abhängt. Auch mit der Reservierung eines Res-

taurants sollte man nicht zu lange zögern. Häufig sind geeignete Räumlichkeiten schon Monate im Voraus belegt.
Ebenfalls wird sicherlich auch eine Hochzeit im kleinsten Kreis, zu dem lediglich Eltern, Geschwister und Trauzeugen zählen, auf Verständnis stoßen.
Aber alle Zwischenlösungen werden sicherlich einiges Kopfzerbrechen bereiten.

Die Hochzeitsgäste

Es wäre sicherlich nicht das erste Mal, dass ein Brautpaar über die Zusammenstellung der Gästeliste in Streit geriete. Wen möchte man einladen, wen muss man einladen, wen sollte man einladen? Kein Brautpaar ist dabei wohl vollkommen frei in seiner Entscheidung. So wollen häufig die Eltern mitsprechen, und das Brautpaar selbst ist auch nicht unabhängig von in den Familien gepflegten Traditionen.
Davon abgesehen sollte man sorgfältig prüfen, ob man keine Personen übersehen hat, die sich über eine Einladung freuen und sehr gerne zur Hochzeit kommen würden. Man könnte ihnen sonst eine große Enttäuschung bereiten.
Zu all diesen Überlegungen kommt schließlich noch eine Art »Proporzdenken« zwischen den Brautleuten: Lädst du zwanzig Leute ein, will ich auch zwanzig einladen!
Unproblematisch ist in diesem Fall sowohl die »große« als auch die »kleine« Lösung.
Kann man es sich finanziell leisten, alle in Frage kommenden Verwandten und Freunde einzuladen, wird kein Streit aufkommen.
Man sollte bei der Aufstellung einer Gästeliste nicht auf die Abstimmung mit beiden Elternpaaren verzichten. Schließlich soll die Hochzeitsfeier ein fröhliches und harmonisches Fest werden. Mit etwas Fingerspitzengefühl kann man Konflikte leicht

vermeiden. Zur Hochzeit ist es üblich, die Verwandtschaft einzuladen, wobei es keine Regel dafür gibt, bei welchem Verwandtschaftsgrad man die Grenzen zieht. Eltern, Geschwister, Großeltern, Paten sollte man auf jeden Fall einladen und nur bei schwerwiegenden Gründen auf einem Ausschluss bestehen. Die weiteren Einladungen spricht man vielleicht weniger nach dem Verwandtschaftsgrad als vielmehr nach der persönlichen Beziehung aus.

Freunde wurden früher kaum eingeladen. Dies hat sich mittlerweile geändert, und die besten Freunde werden selbstverständlich um ihr Kommen gebeten. Mit ihnen ist man möglicherweise enger verbunden als mit den Verwandten. Vielleicht möchte man auch Kollegen oder Geschäftspartner, zu denen eine freundschaftliche Beziehung besteht, einladen – erst recht, wenn man auf deren Hochzeit zu Gast war.
Um das Problem in den Griff zu bekommen, empfiehlt es sich, eine *Gästeliste* aufzustellen. Dabei geht man von der Maximallösung aus und streicht im Negativverfahren, bis man auf die akzeptierte und gewünschte Gästeanzahl kommt.
Diese Zahl schließlich ist maßgebend für die Finanzplanung.

Gästeliste	
Peter (Bräutigam)	1
Eltern	2
Georg (Bruder) + Familie	3
Lina (Schwester) + Familie	2
Oma	1
Onkel Hans + Familie	4
Onkel Peter + Familie	5
Tante Anni + Familie	3
Freunde:	
Peter + Ursi (Trauzeugen)	2
Rainer + Monika	2
Klaus + Familie	3
Susanne (Braut)	1
Mutter	1
Oma	1
Tante Frieda + Familie	5
Tante Babette + Familie	5
Tante Kuni + Familie	6
Onkel Klaus	1
Freunde:	
Sabine	1
Lina + Gerhard	2
Monika	1
Rabea + Familie	3
insgesamt	55

Die Finanzplanung

Eine Hochzeit kostet immer Geld. Daher gilt es, der Kosten- und Finanzplanung besondere Aufmerksamkeit zu widmen. € Viele junge Paare befinden sich in einer euphorischen Stimmung und wollen ohne Rücksicht auf die Kosten eine freigebige und großzügige Feier veranstalten. Das entspricht weder einer vernünftigen Planung noch einer kostengerechten Betrachtung der Hochzeit.

Auf keinen Fall sollte man sich in so große Unkosten stürzen, dass man hinterher über einige Jahre hinweg die Schulden abzahlen muss.

Es gibt Völker, bei denen eine Hochzeit eine so starke Prestigeangelegenheit ist (mit so vielen Verpflichtungen verbunden), dass das Paar allein aus finanziellen Gründen nicht heiraten kann, oder dass sich dabei eine oder auch zwei Familien finanziell völlig übernehmen. Als Beispiel wäre Indien zu nennen.

Bei uns wird ein solch großer gesellschaftlicher Zwang nicht ausgeübt, so dass man ruhig Kostenbewusstsein demonstrieren kann.

Versuchen wir zunächst einmal die *Kosten der Hochzeit* zu erfassen. Dabei ist vorauszuschicken, dass eine solche Betrachtung nur sehr allgemein gehalten werden kann, da die Kosten stark von den individuellen Wünschen der Einladenden abhängen. Wenn wir weiterhin aufzeigen, wer in der Regel die Kosten trägt, so bedeutet dies nicht, dass im konkreten Fall die Kosten nicht ganz anders aufgeteilt werden können.

Gebühren

Für eine *standesamtliche Trauung* muss man mindestens 150 Euro ansetzen. Jeweils abhängig von der individuellen Situation, zum Beispiel Hochzeit mit Ausländern, besondere Na-

mensnennung, können Mehrkosten entstehen. Das Stammbuch, das man selbstverständlich nicht erstehen *muss,* kostet zwischen 20 und 30 Euro.
Für die *kirchliche Trauung* muss man insgesamt mit 200 Euro rechnen (einschließlich des Organisten). Wünscht man in der Kirche Blumenschmuck, kann man gut 200 Euro dafür ansetzen. Hinzu kommen noch individuell bemessene Spenden. Diese Kosten trägt der Bräutigam.

Hochzeitsfeier

Gerade hier fällt eine konkrete Aussage sehr schwer. Es muss an folgende Kostenarten gedacht werden:

- Speisen und Getränke
- Musik
- Blumenschmuck und Dekoration
- Übernachtung von Gästen.

Diese Kosten sind abhängig von der Anzahl der Gäste sowie den persönlichen Wünschen und Vorstellungen (zum Beispiel Musikeinlagen durch »Tonkonserven« oder Instrumentalgruppe). Die Kosten für die Feier übernimmt im Allgemeinen der Brautvater. Die Schwiegereltern können sich daran beteiligen. Die Übernachtungen bezahlt der Brautvater oder der Bräutigamvater, je nach Verwandtschaftszugehörigkeit der Gäste.

Kleidung

Die Rechnung für die Kleidung der Brautjungfern wie auch die der Braut gehen zu Lasten des Brautvaters. Die Kleider für Brautjungfern bewegen sich zwischen 200 und 300 Euro, Brautkleider zwischen 700 und 3000 Euro. Die Brautschuhe

kauft sich die Braut traditionsgemäß selbst. Hierfür hat sie eventuell in den vergangenen Jahren Pfennige und Cents zurückgelegt. Nach dem Brauch bezahlt sie diese Brautschuhe nun mit den gesammelten Münzen. Dabei ist jedoch zu bedenken, dass viele Schuhgeschäfte nicht bereit sind, eine solche Menge Münzen zu akzeptieren. Man sollte sich also vorher erkundigen.
Den Brautschleier kaufen häufig die Freundinnen der Braut. Auch dies entspricht einem alten Brauch. Die Kleidung für den Bräutigam finanziert dieser selbst. Für einen eleganten schwarzen Anzug muss man heute etwa 400 bis 600 Euro ansetzen.

Blumenschmuck für Gäste und Braut, Hochzeitskutsche

Solche Ausgaben gehen zu Lasten des Brautvaters. Lediglich die Kosten für die Blumen der Braut trägt der Bräutigam persönlich.

Hochzeitsanzeigen, Einladungen

Zeitungsanzeigen, Druck der persönlichen Anzeigen und Einladungen sowie das Porto werden vom Brautvater übernommen. Als Mindestaufwand sollte man 200 Euro für eine Zeitungsanzeige ansetzen, drei Euro pro Einladungskarte.

Polterabend

Ursprünglich ging der Polterabend auch zu Lasten des Brautvaters. Dies hat sich mit der Zeit jedoch geändert. Der Polterabend wird heute vom Brautpaar veranstaltet, das auch die damit verbundenen Kosten selbst trägt.

Ringe und Hochzeitsreise

Die Ringe sind traditionsgemäß eine Gabe des Bräutigams, und er wird es sich nicht nehmen lassen, diese auch selbst zu bezahlen. Ebenso stellt die Hochzeitsreise häufig ein Geschenk des Bräutigams an seine Braut dar. Sie kann aber auch ebenso gut die erste Ausgabe aus dem gemeinsamen Budget sein.
Insgesamt muss man für eine den »Minimalspaß« übersteigende Hochzeit Kosten zwischen 15 000 und 30 000 Euro ansetzen. Es soll aber auch schon Hochzeiten gegeben haben, die mit weit über 100 000 Euro zu Buche schlugen.
Man sollte sich also von Anfang an Gedanken über Kosten machen, die auf einen zukommen! Und die Frage der Finanzierung klären! Am besten geht man zunächst einmal von nachstehendem *Kostenplan* aus. Er lässt sich ohne größere Schwierigkeiten aufstellen. So erarbeitet man sich einen ersten Überblick über die entstehende Ausgabenbelastung. Davon leitet man den Finanzierungsbedarf ab.

Kostenplan 1

Wer trägt welche Kosten? Addieren Sie. So kommen Sie auf Ihre Gesamtkosten.

Wofür?	Kosten	Wer zahlt?*
1.		
Standesamtliche Trauung		Bräutigam
Stammbuch		Bräutigam
Kirchliche Trauung		Bräutigam
Organist		Bräutigam
Blumenschmuck		Bräutigam
Spende		Bräutigam
Künstlerische Darbietungen (z.B. Kirchenchor)		Bräutigam

* Die Einteilung entspricht der traditionellen Auffassung, nach der der Brautvater die Hochzeit als Äquivalent zur Berufsausbildung des Bräutigams ausrichtet. Dies ist heute natürlich nicht mehr zeitgemäß und wird meist durch eine individuelle Regelung ersetzt.

Kostenplan 2

Kosten	Betrag – SOLL	Betrag – IST
Polterabend		
Raum	500,00	
Musik	1 000,00	
Lichtanlage	0,00	
Essen/Trinken	3 000,00	
Gästebuch	50,00	
Dekoration	100,00	
Kleidung	0,00	
Unterbringung von Gästen	0,00	
Taxi	20,00	
Showeinlage	0,00	
Sonstiges	250,00	
Standesamt		
Kleidung	1 000,00	
Blumen	500,00	
Standesamt	150,00	
Musik	0,00	
Auto	0,00	
Sekt	120,00	
Essen	500,00	
Raum	100,00	
Fotograf	100,00	
Sonstiges	50,00	
Kirche		
Kirche	200,00	
Eheseminar	0,00	
Restaurant	5 000,00	
Hotel	0,00	
Musik	1 200,00	
Lichtanlage	0,00	
Fahrzeug	0,00	
Foto-/Videograf	500,00	

Kosten	Betrag – SOLL	Betrag – IST
Kleidung Braut	3 000,00	
Kleidung Bräutigam	1 500,00	
Hochzeitsdrucksachen	300,00	
Ringe	1 200,00	
Gegenseitige Geschenke	750,00	
Porto Einladung	50,00	
Friseur Braut	150,00	
Friseur Bräutigam	30,00	
Blumen (Reversanstecker, Brautstrauß, Kirche, Auto, Tische, Streublumen	500,00	
Transport von Gästen		
Hochzeitstorte	100,00	
Tanzkurs	0,00	
Gästebuch	50,00	
Ringkissen	0,00	
Veranstaltungsservice	0,00	
Hochzeitsanzeige	100,00	
Kosmetik/Solarium	200,00	
Dankesanzeige		
Reise		
Flug		
Impfungen		
Taschengeld		
Unterkunft		
Mietwagen		
Essen		
Geschenke		
Sonstiges	5 000,00	
Sonstiges		
Ehevertrag	1 000,00	
Papiere umschreiben		
Sonstiges		
Summe:	**28 270,00**	

Besitzt man keine Ersparnisse und besteht keine Aussteuerversicherung, die man zu diesem Zweck angreifen kann, so muss man den geplanten Fehlbetrag von einer Bank finanzieren lassen. Der Zinssatz für solche Kleinkredite hängt von der Konjunkturlage und der gewünschten Laufzeit ab.
Ist eine Kreditaufnahme unbedingt nötig und genügt nicht eine Spitzenfinanzierung über einen kurzfristigen Überziehungskredit, sollte man die Angebote der einzelnen Banken genauestens prüfen. Fast immer findet man bestätigt, dass die in den Zeitungen offerierten Schnellkredite teurer zu stehen kommen als reguläre Bankkredite.

Beim Vergleich sind folgende Kriterien interessant:

- Auszahlungsbetrag
- Tilgung
- Laufzeit
- Bearbeitungsgebühren
- Zinssatz.

Wichtig ist die tatsächliche Belastung je Monat und der effektive Jahreszins. Erkennt man den Belastungsbetrag nicht auf Anhieb, sollte man sich einen genauen Tilgungs- beziehungsweise Rückzahlungsplan aufstellen lassen, der ausweist, welchen Betrag man monatlich inklusive aller Nebenkosten zurückzahlen muss.

Finanzierung	Betrag – Soll	Betrag – IST
Übertrag Kosten	**28 270,00**	
Brautpaar	10 000,00	
Eltern Bräutigam	3 000,00	
Eltern Braut	3 000,00	
Großeltern	0,00	
Andere	2 000,00	
Andere		
Finanzierungslücke:	**10 270,00**	

Die Terminplanung

Die Terminplanung führt man am besten rechtzeitig und vollständig durch.
Rechtzeitig bedeutet, dass man mindestens 10 Wochen vor der Feier mit der Planung beginnt, um nicht in Zeitdruck zu geraten. Die Vorbereitungen können dann ohne Hektik abgewickelt werden, und das Brautpaar wird die Hochzeitszeit auch genießen können. Natürlich hilft nur eine vollständige Terminplanung. Hat man Punkte vergessen, so klappt auch die frühzeitigste Terminplanung nicht. Man kommt automatisch in Zeitverzug.

Mit einer Checkliste ist es leicht, Termine zu verfolgen. Freilich: Auch diese Checkliste muss anhand der individuellen Bedürfnisse überarbeitet werden.

Checkliste der Termine

Bis zur Hochzeit sind es noch …	Fragen, Fakten, Maßnahmen	Was ist zu tun? (Fangen Sie rechtzeitig an: Haken Sie nach Erledigung jeden Punkt ab! Gehen Sie Schritt für Schritt vor!)	erledigt
10 Wochen	Entschluss: Wir heiraten		
	Terminfestlegung	Am besten mit den Eltern zusammen. Allgemeine Feiertage, Ferien- und Urlaubszeit beachten!	
	Wer wird eingeladen?	Erste vorläufige Gästeliste für Polterabend und Hochzeit aufstellen.	
	Wie und wo soll gefeiert werden?	Standesamtliche und kirchliche Hochzeit an einem Tag? Mit großem Mittagessen? Oder Beginn der Feier mit dem Kaffeetrinken? Welcher Pfarrer, welche Kirche? Wo ist das Standesamt? Wann hat es geöffnet?	
	Zusammenstellen der notwendigen Papiere	Siehe Checkliste der Dokumente, Seite 53 f.)	

Bis zur Hochzeit sind es noch …	Fragen, Fakten, Maßnahmen	Was ist zu tun? (Fangen Sie rechtzeitig an: Haken Sie nach Erledigung jeden Punkt ab! Gehen Sie Schritt für Schritt vor!)	erledigt
9 Wochen	Bestellen des Aufgebots	Eintragung beim Standesamt, Festlegen des Termins für die standesamtliche Trauung	
	Anmeldung zur kirchlichen Trauung	Termine mit dem Pfarrer vereinbaren!	
	Reservieren eines Restaurants	Essen Sie in dem Lokal einmal vorab zur Probe! Auch vorläufige Reservierungen für Übernachtungsgäste anmelden! Sprechen Sie gleich die Speisekarte ab!	
8 Wochen	Anzeigen, Einladungen, Menükarten zum Drucken geben	Jetzt müssten die Termine wirklich alle feststehen!	
	Trauzeugen auswählen, evtl. auch Brautjungfern, Brautführer u.a.	Trauzeugen benötigen gültigen Pass oder Personalausweis.	
	Brautkleid und Anzug kaufen	Ruhig Zeit lassen! Suchen Sie sich das schönste Brautkleid aus, das es gibt.	
7 Wochen	Hochzeitsreise planen und buchen		
	Gespräch mit dem Pfarrer über die Trauungszeremonie	Welche musikalischen Darbietungen wünschen Sie, welchen Blumenschmuck?	
	Gespräch mit dem Restaurantinhaber: Feinabstimmung des Menüs, Dekoration, Ablauf	Fragen Sie ganz einfach, wie es andere Hochzeitspaare gemacht haben. Er hat sicherlich mehr Erfahrung als Sie. Profitieren Sie davon!	
6 Wochen	Engagieren einer Band/eines »Alleinunterhalters«/eines Discjockeys	Aber unbedingt vorher anhören!	
	Aufstellen des Finanzplans	Sie haben nun eine Übersicht über alle größeren Ausgaben und können Ihre Einnahmen abschätzen. Wie füllen Sie die Lücken?	
	Eventuelles Gespräch mit der Hausbank wegen eines Kleinkredits		
5 Wochen	Gespräch mit dem Fotografen	Termin vereinbaren!	
	Gespräch mit dem Friseur	Zeigen Sie ihm Ihr Brautkleid. Termin vereinbaren!	
4 Wochen	Erstellen der Geschenklisten		
	Hochzeitskutsche (-limousine mit Chauffeur) bestellen		

Bis zur Hochzeit sind es noch …	Fragen, Fakten, Maßnahmen	Was ist zu tun? (Fangen Sie rechtzeitig an: Haken Sie nach Erledigung jeden Punkt ab! Gehen Sie Schritt für Schritt vor!)	erledigt
	Beim Arbeitgeber Sonderurlaub und den geplanten Hochzeitsurlaub beantragen		
	Versand der Einladungen		
3 Wochen	Lagebesprechung mit allen Eltern und Trauzeugen	Sehr wichtig! Es muss geklärt werden, wer welche Aufgaben übernimmt, wer was organisiert.	
	Professionellen Fotografen bestellen/Amateurfotografen bestimmen		
	Wer nimmt die Trauung auf Video auf?		
	Wer empfängt die Gäste, nimmt die Geschenke entgegen?		
	Wer übernimmt das Amt des »Zeremonienmeisters«?		
	Ringe gravieren lassen, evtl. für die rechte Hand umarbeiten lassen		
2 Wochen	Zeitungsinserat aufgeben		
	»Tatortbesichtigung«	Fahren Sie alle Strecken ab, so wie es am Tag X auch vor sich gehen soll. Prüfen Sie, ob Ihr Zeitplan für den Tag X stimmt!	
	Endgültige Reservierung der Zimmer für auswärtige Hochzeitsgäste		
	Stehen genügend Fahrzeuge für den Transport zur Verfügung?		
	Besprechen Sie Ihre Wünsche mit einem Blumengeschäft.	Bedenken Sie, dass Sie eine Menge Blumen brauchen: Brautstrauß, Autoschmuck, Kirchenschmuck, Restaurantschmuck, kleine Sträuße für die Gäste.	
	Tischordnung festlegen und Tischkarten schreiben		
1 Woche	Ringe abholen		
	Einkauf für die Empfänge zu Hause		

Bis zur Hochzeit sind es noch …	Fragen, Fakten, Maßnahmen	Was ist zu tun? (Fangen Sie rechtzeitig an: Haken Sie nach Erledigung jeden Punkt ab! Gehen Sie Schritt für Schritt vor!)	erledigt
	Kontrolle	Kontrolle, Kontrolle und nochmals Kontrolle: – Wurden alle Gäste eingeladen? – Wer hat abgesagt? – Kleidung vollständig? – Blumen bestellt? – Tischkarten in Ordnung? – Musik für den Gottesdienst, für den Tanz am Abend bestellt?	
1 Tag	Friseurbesuch Koffer packen für die Hochzeitsreise Täschchen für die notwendigsten Sachen (Make-up, Kamm, Taschentuch) zurechtmachen		
Polterabend	Hinein ins Vergnügen!		

III. Detailplanung

Allgemeine Hinweise

Hat man die vorgeschlagene Planung bis hierher erledigt, erreicht man nun ein konkreteres Planungsstadium: die Detailplanung.
Diese Vorbereitungen sollte man sehr gründlich treffen. Man erspart sich hinterher so manchen Ärger. Die Checkliste der Termine sollte Ihr ständiger Begleiter sein. Abgesehen von den Terminen kann sie auch als sachbezogene Checkliste verwendet werden.

Bestellung des Aufgebots

Das Aufgebot in der Bundesrepublik Deutschland

Vor der Eheschließung steht die Bestellung des Aufgebots. Grundsätzlich ist das Aufgebot vor dem zuständigen Standesbeamten vom Brautpaar persönlich zu bestellen. Dabei wählt man das Standesamt am Wohnsitz der Verlobten oder des Brautpaares.

Anmeldung zur kirchlichen Trauung

Bedingung für die kirchliche Trauung ist, dass zumindest einer der Partner Angehöriger der jeweiligen Konfession ist. Sobald man das Aufgebot bestellt hat, meldet man sich beim zuständigen Gemeindepfarrer an und legt seinen Taufschein vor.
Will man in einer anderen Gemeinde getraut werden, so benötigt man vom zuständigen Pfarramt einen *Entlassungsschein* beziehungsweise eine *Überstellung*, die jedoch ohne Probleme ausgestellt wird. Mit diesen Unterlagen kann man in der gewählten Pfarrstelle vorsprechen. (Das Aufgebot sollte mindestens drei Wochen vor dem gewünschten Trauungstermin bestellt werden.) Vor der Trauung findet beim heimatlichen evangelischen Pfarrer ein *Traugespräch*, beim katholischen Geistlichen ein *Brautexamen mit Brautprüfungsprotokoll* statt. Inhaltlich entsprechen sich beide; lediglich der Name ist verschieden. Früher wurde geprüft, ob die Brautleute die Grundlagen des jeweiligen Glaubens auch beherrschten. Heute wird mit ihnen nur ein Gespräch über das christliche Verständnis der Ehe geführt. Außerdem wird über alle organisatorischen Belange sowie über Wünsche der Gottesdienstgestaltung gesprochen.
Zur katholischen Trauung muss noch angemerkt werden, dass eine solche mit einem bereits einmal geschiedenen Partner nur dann erfolgen kann, wenn die erste Ehe seitens der Kirche als ungültig anerkannt wurde.

Rechtzeitig sollte mit dem Pfarrer oder Paten die Gestaltung des Gottesdienstes besprochen werden. Die grundsätzliche Ordnung ist durch den Gottesdienstablauf vorgegeben. Es bleibt jedoch immer noch Raum für künstlerische Einlagen. Ebenso sollte das Brautpaar die Lieder für den Traugottesdienst auswählen sowie einen Trautext auswählen.
Die gebräuchlichsten *Trautexte* sind im Folgenden zusammengestellt:

Wo du hingehst, da will ich auch hingehen; wo du bleibst, da bleibe ich auch.
Dein Volk ist mein Volk, und dein Gott ist mein Gott.
Ruth 1, Vers 16

Der Herr ist mein Hirte; mir wird nichts mangeln.
Psalm 23, Vers 1

Befiehl dem Herrn deine Wege und hoffe auf ihn; er wird's wohl machen.
Psalm 37, Vers 5

Lobe den Herrn, meine Seele, und vergiss nicht, was er dir Gutes getan hat.
Psalm 103, Vers 2

Der Herr behüte dich vor allem Übel, er behüte deine Seele.
Psalm 121, Vers 7

Seid fröhlich in Hoffnung, geduldig in Trübsal, haltet an am Gebet.
Römer 12, Vers 12

Nun aber bleibt Glaube, Hoffnung, Liebe, diese drei; aber die Liebe ist die größte unter ihnen.
1. Korinther 13, Vers 13

Einer trage des anderen Last, so werdet ihr das Gesetz Christi erfüllen.
Galater 6, Vers 2

Gott ist Liebe; und wer in der Liebe bleibt, der bleibt in Gott und Gott in ihm.
1. Johannes 4, Vers 16 b

Lasset uns lieben, denn er hat uns zuerst geliebt.
1. Johannes 4, Vers 19

Wie ein *Traugottesdienst (evangelisch)* gestaltet sein kann, können Sie folgendem *Beispiel* entnehmen, das einige *Besonderheiten* enthält:

- Die Trauzeugen übernehmen einen aktiven Sprechpart.
- Die Stelle »Die Frauen seien untertan ihren Männern ...«, die bei keiner kirchlichen Trauung fehlen wird, wurde durch ein Wechselgespräch (nach der Übersetzung von Zink) »entschärft«.

Gottesdienstablauf

anlässlich unserer Hochzeit

Wir wünschen allen Besuchern einen gesegneten Verlauf.

Susanne und Peter

Beginn: 14.30 Uhr
in der Kirche von ....

Der Trauzug formiert sich im Pfarrgarten und wird vom Pfarrer am Kirchenportal abgeholt.

Einleitendes Orgelstück

Gemeinsames Lied: Nun lasset uns Gott dem Herren Dank sagen und ihn ehren für alle seine Gaben, die wir empfangen haben.
Wir bitten deine Güte, wollst uns hinfort behüten, uns Große mit den Kleinen; du kannst's nicht böse meinen.
Erhalt uns in der Wahrheit, gib ewigliche Freiheit, zu preisen deinen Namen, durch Jesum Christum.
Amen.

Pfarrer: Der Friede des Herrn sei mit euch allen.

Gemeinde: Amen.

Pfarrer: Danket alle Gott, der große Dinge tut auf dieser Welt der uns am Leben erhält und der für uns eintritt. Er gebe uns ein fröhliches Herz und verleihe uns Frieden.
Lasset uns beten.
Allmächtiger Gott, der du aller Dinge Anfang, Mitte und Ende bist: Siehe gnädig an dieses Brautpaar, das heute vor dein Angesicht tritt, um zu Beginn seiner Ehe deinen Segen zu empfangen, und erfülle an den Eheleuten, was du in deinem Wort verheißest. Durch Jesum Christum unseren Herren!

Gemeinde: Amen.

Violinkonzert: Langsamer Satz aus dem Doppelkonzert von J. S. Bach

Pfarrer: Folgende Worte der Heiligen Schrift hat dieses Brautpaar zu seinem Trautext gewählt:
Wach auf, du Schläfer! Steh auf und bleibe nicht bei den Toten liegen! Denn Christus will sein Licht über dir aufgehen lassen wie eine Sonne! Tut die Augen auf! Seht auf eueren Weg! Seht auf alles, was ihr tut, und tut es mit Sorgfalt und wachem Gewissen. Lebt nicht töricht in den Tag hinein, sondern seht euch die Welt an, in der ihr lebt, in die euch Gott gestellt hat. (Eph. 5,14)

Predigt

Chor singt

Wechsel-gespräch: Worte Gottes von der Stiftung und Ordnung des Ehestandes

Trauzeuge: So schreibt der Apostel Paulus: Seid einander untertan in der Furcht Christi. Die Frauen seien untertan ihren Männern als dem Herrn Christo. Denn der Mann ist des Weibes Haupt gleich wie auch Christus das Haupt der Gemeinde ist, die er als seinen Leib erlöst hat. Ihr Männer liebet eure Frauen gleich wie auch Christus geliebt hat die Gemeinde und hat sich selbst für sie gegeben, auf dass er sie heiligte.

Bräutigam: Wir sind der Auffassung, dass Mann und Frau nach den Ordnungen unserer Zeit gleichberechtigt nebeneinander stehen und vor Gott gleichwertig sind. So verstehen wir das Wort Gottes folgendermaßen:

Braut: Wir glauben, dass es Gottes Wille ist, dass die Frau sich dem Manne und der Mann sich der Frau fügt. Frau und Mann sollen sich gegenseitig dienen. Sie sollen einander lieben, wie Christus die Gemeinde liebt und sich für sie geopfert hat.

Bräutigam:	Wir glauben, dass die Bedeutung der Ehe sehr groß ist. Sie ist so unauflöslich wie Christus mit seiner Kirche verbunden ist. So nahe und so endgültig wie die Kirche zu Christus gehört, so nahe und endgültig gehören auch Mann und Frau zueinander.
Pfarrer:	Liebe Eheleute: Mit diesen Worten bezeugt die Heilige Schrift den Ehestand als heilige und unverbrüchliche Ordnung Gottes. In solcher Ordnung hat er euch miteinander verbunden und eurem Stande seinen Segen verheißen. So frage ich euch vor Gott und dieser seiner Gemeinde: Peter Müller, willst du diese Susanne, geborene Herzog, die Gott dir anvertraut, als deine Ehefrau lieben und ehren und die Ehe mit ihr nach Gottes Gebot und Verheißung führen in guten wie in bösen Tagen, bis der Tod euch scheide, so antworte: Ja, mit Gottes Hilfe.
Bräutigam:	Ja, mit Gottes Hilfe.
Pfarrer:	Susanne, geborene Herzog, willst du diesen Peter Müller, den Gott dir anvertraut hat …
Braut:	Ja, mit Gottes Hilfe.

Pfarrer: Seid ihr bereit, als christliche Eheleute eure Aufgabe in Ehe und Familie, in der Kirche und in der Welt zu erfüllen, so antwortet: Ja, mit Gottes Hilfe.

Brautpaar: Ja, mit Gottes Hilfe.

Pfarrer: Gebt euch die Trauringe an die Hand.

Anstecken der Trauringe

Pfarrer: Tragt diesen Ring als Zeichen der Liebe und der Treue. Im Namen des Vaters, des Sohnes und des Heiligen Geistes. Reicht einander die Hand.

Brautleute geben sich die rechte Hand

Pfarrer: Was Gott zusammengefügt hat, das soll der Mensch nicht scheiden.

Segen

Gemeinsames Lied: Jesus Christus herrscht als König, alles wird ihm untertänig, alles legt ihm Gott zu Fuß. Aller Zunge soll bekennen, Jesus sei der Herr zu nennen, dem man Ehre geben muss.

Fürstentümer und Gewalten, Mächte, die die Thronwacht halten, geben ihm die Herrlichkeit; alle Herrschaft dort im Himmel, hier im irdischen Getümmel ist zu seinem Dienst bereit.
Gott ist Herr, der Herr ist Einer und demselben gleichet keiner, nur der Sohn, der ist ihm gleich; dessen Stuhl ist unumstößlich, dessen Leben unauflöslich, dessen Reich ein ewig Reich.

Fürbitten:

Pfarrer: O Gott, du hast deine Liebe zur Menschheit in Jesus Christus unseren Herren bewiesen und unser irdisches Leben durch den Glanz seiner Gegenwart hell gemacht, wir bitten dich:

Bräutigam: Lass uns denken an seine Bereitschaft, nicht sich dienen zu lassen, sondern zu dienen, und gib uns die Gnade, seinen Spuren auf diesem Weg zu folgen.

Gemeinde: Wir bitten dich Herr, erhöre uns.

Braut: Wenn wir Angst haben, lass uns nicht verzweifeln, wenn wir enttäuscht sind, dann lass uns nicht bitter werden; wenn es mit unserem Verstehen und unseren Kräften zu Ende ist, dann lass uns nicht umkommen.

Gemeinde: Wir bitten dich Herr, erhöre uns.

Bräutigam: Wir bitten dich auch für unsere Verstorbenen. Nimm sie hinein in deine österliche Auferstehung.

Gemeinde: Wir bitten dich Herr, erhöre uns.

Braut: Für uns und für alle, so bitten wir dich: Lass diesen Tag einen Tag der Liebe, der Freude und des Friedens sein.

Gemeinde: Wir bitten dich Herr, erhöre uns.

Chor singt: Vater unser

Eucharistiegebet:

Trauzeuge: Ja, heilig bist du, allmächtiger, gnädiger Gott, heilig bist du, und groß ist deine Majestät und Herrlichkeit. Du hast den Menschen geschaffen nach deinem Bilde und ihm die Freude des Paradieses geschenkt. Und da er dein Gebot übertrat, hast du ihn nicht verworfen, sondern ihn erzogen mit väterlicher Liebe. Du hast ihn gerufen durch dein Gesetz und zurechtgewiesen durch die Propheten. Aber zuletzt hast du deinen eingeborenen Sohn gesandt, unseren

Herrn Jesus Christus, auf dass er dein Bild in uns erneuere. Und da er vom Himmel kam, wirkte er alles zur Rettung unseres Geschlechtes: den Tod am Kreuz nahm er willig auf sich, er, der Sündlose, für die Sünder und gab sich selbst dahin für das Leben und das Heil der Welt.

Gemeinde: In der Nacht, da er verraten ward, nahm er das Brot, dankte und brach's und gab's seinen Jüngern und sprach: Nehmet hin und esset, das ist mein Leib, der für euch gegeben wird. Solches tut zu meinem Gedächtnis. Desselbengleichen nahm er auch den Kelch, dankte und gab ihnen den und sprach: Trinket alle daraus, das ist mein Blut des neuen Bundes, das für euch vergossen wird zur Vergebung der Sünden. Solches tut, sooft ihr's trinket, zu meinem Gedächtnis.

Trauzeuge: Darum gedenken wir vor dir, himmlischer Vater, des selig machenden Leidens und Sterbens deines Sohnes Jesu Christi, unseres Herren. Wir preisen seine sieghafte Auferstehung von den Toten und seine Auffahrt in dein himmlisches Heiligtum, wo er, unser Hohepriester, uns immerdar vor dir vertritt mit dem einmaligen und allgenugsamen Opfer seines Leibes und seines Blutes. In seinem Namen bitten wir dich, Herr: Sende herab deinen heiligen Geist, heilige und erneuere uns nach Leib und Seele, und gib uns, in diesem heiligen Mahle Leib und Blut deines Sohnes im rechten Glauben mit Danksagung zu empfangen. Bringe zusammen deine Auserwählten von den Enden der Erde zu deinem Reiche und lass uns die Wiederkunft deines Sohnes mit getroster Zuversicht erwarten. Ja komm, Herr Jesus.

Abendmahl – Segen – Orgel – Auszug

Einen besonderen Hinweis noch zur *Mischehe:* Unter Mischehe versteht man die Ehe zwischen einem katholischen und einem evangelischen Partner. Lange Zeit war eine Mischehe, soweit sie nicht ausdrücklich katholisch geschlossen wurde, Grund für die Exkommunikation des katholischen Partners. Seit dem 1. Oktober 1970 ist eine kirchliche Heirat zwischen katholischen und evangelischen Partnern möglich. Durch die Vermittlung des katholischen Priesters kann vom Bischof ein Dispens eingeholt werden, die den Katholiken von der Formpflicht befreit und seine Ehe, selbst wenn er sich evangelisch trauen lässt, als gültig anerkennt.

Sehr viele Mischehen werden heute im Rahmen einer ökumenischen Zeremonie geschlossen. Auch die katholische Kirche ist mittlerweile so aufgeschlossen, dass dies keine großen Schwierigkeiten mehr bereitet.

Wahl und Reservierung des Restaurants

Es lohnt sich, das Restaurant ausgesprochen sorgfältig auszusuchen.
Es muss die notwendige *Atmosphäre vermitteln;* es soll über *ausreichende Räumlichkeiten* verfügen, eine *gute Küche* und *guten Service bieten.* Dabei darf es natürlich auch noch preiswert sein. Auch an Parkmöglichkeiten sollte es nicht fehlen.
Bevor man auf die Suche geht, muss man sich selbst darüber klar werden, was man eigentlich möchte.

- Wie viele Mahlzeiten sollen im Restaurant eingenommen werden?
- Wie wünscht man sich das Menü? Einfach und deftig oder raffiniert?
- Welche Art von Musik stellt man sich vor? Eine Band? Muss Raum zum Tanzen vorhanden sein?
- Wie soll die Dekoration aussehen? Möchte man sie zum Teil selbst gestalten?
- Will man Getränke selbst beistellen?

Nach diesen Kriterien teste man dann die Restaurants, die in Frage kommen.

Die Auswahl erleichtert Ihnen die folgende Checkliste »Entscheidungsplaner Gaststätte« (wobei der Entscheidungsplaner natürlich noch um individuelle Kriterien erweitert werden kann). Man nimmt zuerst eine qualitative Bewertung vor und analysiert, ob das besuchte Restaurant die gewünschten Voraussetzungen erfüllt. Dann folgt die quantitative Bewertung, indem die jeweiligen Preise eingetragen werden.

Unbedingt sollte man in jedem Restaurant einmal probeessen. Nur so kann man entscheiden, ob man mit Küche und Service zufrieden ist. Auch den Wein sollte man in Ruhe probieren.
Hat man schließlich ein Restaurant ausgewählt, so bedeutet das nicht, dass man alle weiteren Vorbereitungen dem Küchenchef überlässt. Selbstverständlich kann man Einfluss nehmen, sowohl auf die Zusammenstellung des Menüs als auch auf die Tischdekoration oder den Blumenschmuck. Wer Lust hat, mag sich selbst Überraschungen und Schmankerl einfallen lassen und diese in Abstimmung mit dem Restaurantpersonal eigenhändig beistellen. Alle diese Fragen gilt es rechtzeitig zu diskutieren und mit den Betreffenden abzusprechen.

Checkliste für die Wahl des Restaurants

Entscheidungsplaner Gaststätte

Zur Wahl stehende Gaststätten:
A =
B =
C =
D =

Eigenschaft	gewünscht	vorhanden bzw. möglich in Gaststätte			
		A	B	C	D
Atmosphäre: elegant – rustikal – leger					
Raum für ____ Personen vorhanden					
Tanzfläche vorhanden					
Platz für eine Band vorhanden					
Band wird von der Gaststätte gestellt					

Eigenschaft	gewünscht	vorhanden bzw. möglich in Gaststätte			
		A	B	C	D
Anlage für Diskothek vorhanden					
Küche: exquisit – gut – ordentlich					
Bedienung: elegant – zuvorkommend – ordentlich und sauber					
Menü kann wie vorgesehen zusammengestellt werden					
Es können Teile des Menüs beigestellt werden					
Die Dekoration kann beigestellt werden					
Dekoration und Arrangement wird gestellt					
Die Dekoration entspricht den Vorstellungen					
Kerzenbeleuchtung wird arrangiert					
Kerzenbeleuchtung kann beigestellt werden					
Summe der Punkte:					

Ergebnis: *Am vorteilhaftesten ist Gaststätte*
(Diejenige Gaststätte ist am vorteilhaftesten, die die meisten Übereinstimmungen mit der Spalte »gewünscht« aufweist!)

Kostenseite (pro Person ca. Euro)		Gaststätte			
		A	B	C	D
Menü					
Dekoration					
Getränke					
Summe der Kosten:					
Entscheidung:					

Welches Restaurant erfüllt sowohl die organisatorischen Wünsche als auch die Kostenbedingungen ?

Ablauf und Programm

Hat man nun die zeitlichen und örtlichen Eckpunkte festgelegt, sollte man den Ablauf skizzieren und das Programm des Festtages selbst planen.
Der Ablauf einer Hochzeit ist sicherlich von vielen Faktoren abhängig, und es gibt selbstverständlich neben der von uns skizzierten Tagesordnung noch andere Möglichkeiten.
Man kann das Festprogramm auf mehrere Tage verteilen, beispielsweise am Donnerstagabend mit dem Polterabend beginnen, am Freitag standesamtlich heiraten und am Samstag schließlich die kirchliche Trauung vollziehen.
Dabei ist natürlich auch zu berücksichtigen, ob man viele auswärtige Gäste erwartet, für die man die Anfahrtszeiten einkalkulieren muss.
Häufig versucht man jedoch auch, standesamtliche und kirchliche Trauung auf einen Tag zu legen. Dann könnte der Ablauf folgendermaßen aussehen:

9.00	Eintreffen der Trauzeugen und des Bräutigams bei der Braut. Anschließend kurzes Frühstück
9.45	Abfahrt zum Standesamt (anwesend sind nur das Brautpaar und die Trauzeugen)
10.00	Standesamtliche Trauung. Sie dauert meistens nicht länger als zehn Minuten.
10.15	Abfahrt zu einem Restaurant
11.00	Einnahme eines kleinen Mittagessens
13.00	Fahrt nach Hause; eine Stunde Zeit zum Ausruhen und zum weiteren Vorbereiten
14.00	Abfahrt zur kirchlichen Trauung
14.30	Kirchliche Trauung
15.30	Fahrt zum Restaurant
16.00	Kaffeetafel

17.00 Zeit für diverse Darbietungen durch die Hochzeitsgäste
19.00 Abendessen
20.00 Tanz
0.00 Mitternachtsimbiss
1.00 Ende der Feier

Mithilfe von Verwandten und Freunden

Kennt man den Ablauf des Tages, sollte man mit einigen der Eingeladenen sprechen und Aufgaben verteilen. Auf der einen Seite fühlen sich viele Gäste geschmeichelt, wenn sie zum Gelingen des Tages beitragen dürfen; auf der anderen Seite bedeutet es für das Brautpaar und die Brauteltern eine echte Arbeitserleichterung. Man darf allerdings nicht übersehen, dass, je mehr Aufgaben delegiert werden, desto mehr Koordinationsarbeit zu leisten ist.

Brautführer/Zeremonienmeister

Die genannte Koordinationsarbeit muss jedoch nicht unbedingt das Brautpaar leisten. Auch ein Brautführer oder Zeremonienmeister könnte sie übernehmen.
Der *Brautführer* ist heute kaum noch bekannt. In früheren Zeiten galt er als Zeuge des öffentlichen Beilagers, das das Kernstück der altindischen, römischen, altgermanischen und mittelalterlichen Hochzeitszeremonie darstellte. Die Ehe galt als rechtsgültig geschlossen, wenn das Brautpaar vor Zeugen das Ehebett bestiegen hatte.
In Bayern und in den Alpenländern wurde die Braut während der Hochzeit dem Brautführer anvertraut, um sie vor dem Brautraub zu bewahren.

Heute gibt es eine Art Brautführer eigentlich nur noch in ländlichen Gebieten. Dort hat er die Aufgabe, die Braut am Elternhaus abzuholen und dem Bräutigam zuzuführen.
Man könnte dem Brautführer eine neue Aufgabe geben und ihn zum Zeremonienmeister erheben. Er würde dann verantwortlich zeichnen für den gesamten Ablauf sowie für alle organisatorischen Aufgaben. Diese Tätigkeit kann jedoch nur eine Person wahrnehmen, die sehr nahe mit dem Brautpaar in Verbindung steht und dann auch in alle Vorplanungen eingeschaltet ist. Es bietet sich daher ein Bruder oder ein sehr naher Freund an.

Brautjungfern

Die Brautjungfern sind heute im Allgemeinen junge Mädchen. Früher waren es Altersgenossinnen der Braut. Sie geleiteten diese zum Altar. Teilweise trugen sie, wie die Braut, eine Krone. Diese Sitte entsprang der höfischen Kultur des Mittelalters. Heute sind die Brautjungfern mehr ein schmückendes Element und können wohl nicht in den Prozess der Aufgabenverteilung einbezogen werden.

Eltern

Den Eltern fällt selbstverständlich eine sehr ehrenhafte Rolle zu, die sich auch in der Tischordnung manifestiert. Für sie soll der Hochzeitstag ihrer Kinder ein Ehren- und Festtag sein. Dennoch bietet es sich vielleicht gerade für die Mütter an, aktiv an der Vorbereitung und beim Ablauf mitzuwirken. Häufig sind Mütter ganz dankbar, sich in den für sie so bewegenden Stunden auf eine bestimmte Aufgabe zurückziehen zu können, um gleichsam hinter einer Fassade der Aktivität ihre Rührung und Bewegung zu verbergen. Den Vätern mag es bisweilen ähnlich ergehen. Wäre es nicht eine Idee, einen der Väter zum »Kellermeister« zu bestimmen, der sich um die Getränkeauswahl kümmert, sie mit dem Restaurant abspricht und rechtzeitig auf einen eventuell vorgesehenen Getränkewechsel achtet? Das Bedienen kann er ruhig dem Personal überlassen.

Trauzeugen

i Eine besondere Funktion haben auch die Trauzeugen. Sie sind sowohl bei der standesamtlichen wie auch bei der kirchlichen Trauung zugegen und haben die Aufgabe, die Eheschließung mit ihrer Unterschrift zu bezeugen. Sie stehen also stellvertretend für die Öffentlichkeit, vor der die Hochzeit vollzogen wird. Bei der standesamtlichen Trauung sind zwar keine Trauzeugen mehr vorgeschrieben, aber wer anschließend kirchlich heirat, wird auch auf dem Standesamt nicht auf ihre Anwesenheit und Mitwirkung verzichten wollen.

Die Trauzeugen müssen sich durch einen gültigen Personalausweis oder Reisepass legitimieren. Sie gehen durch diese Zeugenschaft jedoch keine rechtliche Verpflichtung ein. Sie sind zwar, wie gesagt, laut Gesetz nicht mehr für die Schließung einer gültigen Ehe erforderlich. Damit kann ein Paar heute praktisch auch ganz unter Ausschluss der Öffentlichkeit heiraten.

Die Trauzeugen sollte man bitten, auch einen aktiven Teil zum Festprogramm beizutragen. Vielleicht können sie eine kleine Rede halten, einen Sketch veranstalten oder eine künstlerische Darbietung einbringen.

Freunde

Ansonsten fällt die Aufgabe der Darbietungen wohl den Freunden zu. Sie kennen die Vergangenheit des Brautpaares am besten und können darüber persiflieren, Sketche vorführen oder das Ereignis des Tages in irgendeiner anderen Weise beleuchten. Der Phantasie sind keine Grenzen gesetzt.
Natürlich sollte nichts Peinliches zur Sprache kommen.
Mehr zu diesem Thema auf Seite 182 ff.

Tischordnung, Dekoration und Tischkarten

Tischordnung

Über die Gäste hat man mittlerweile grundsätzliche Einigung erzielt; es geht nun nur noch um das Problem der Tischordnung. Dabei sollte man bedenken, dass man bei einer Hochzeit wohl vieles allein bestimmen kann; die Tischordnung sollte man allerdings besser zusammen mit den Eltern und Schwiegereltern aufstellen, um bestimmte Gruppen zu trennen oder zu bilden – wie man eben meint, dass es richtig sei. **i**

Bei der Tischordnung gibt es zwei Prinzipien; das *Gruppenprinzip* und das *Harmonieprinzip.* Beim Gruppenprinzip sitzen die Verwandtschaften der beiden Eheleute säuberlich getrennt an den jeweiligen Flügeln der Tafel, die Freunde massiert man am Tischende oder dort, wo Platz übrig bleibt. Beim Harmonieprinzip versucht man, unabhängig von der Verwandtschaftszugehörigkeit, Menschen mit gleichen Interessen zusammenzubringen. Dabei muss man sich natürlich entschieden mehr Gedanken um seine Gäste machen.
Man sollte sich zunächst einmal den *Grundriss der Hochzeitstafel* aufmalen. Den Platz des Brautpaares bestimmt man als Erstes – in der Mitte, mit der besten Übersicht. Daneben die

beiden Elternpaare, wobei die Brautmutter neben dem Bräutigam, der Bräutigamvater neben der Braut zu sitzen kommt. Einen weiteren »Vorzugsplatz« kann man den jeweiligen Paten anbieten. Alle weiteren Plätze sollte man dann nach einem der beiden genannten Prinzipien vergeben. Auf Seite 95 finden Sie zwei Muster für die Tischordnung für eine Hochzeitsgesellschaft von 52 Personen und für eine von 20 Personen.
Selbstverständlich müssen nicht sämtliche Tische in Form eines Hufeisens oder eines Quadrats zusammengestellt werden. Die Gäste können sich z.B. gut unterhalten, wenn sie, am besten sorgfältig nach Zusammengehörigkeit oder Interessen platziert, an runden Tischen sitzen. Das Brautpaar und die Brauteltern sollten aber immer nebeneinander an einem für alle Gäste sichtbaren Tisch sitzen, wo sie selbst einen guten Überblick über die Gäste haben.
Es ist keine Tragödie, wenn eine solche Tischordnung nicht auf Anhieb »steht«. Vorsichtshalber überschläft man sie ein paarmal. Denn nichts kann auf den Ablauf eines Festes störender wirken, als wenn man zwei Menschen zusammengesetzt hat, die nichts miteinander anfangen können oder, viel schlimmer, die nicht gut aufeinander zu sprechen sind.

Tischkarten

Hat man sich nun redliche Mühe mit der Tischordnung gegeben, muss man auch noch daran denken, sie mittels Tischkarten kenntlich zu machen.
Die Tischkarten kann man vorgedruckt kaufen und setzt nur noch den jeweiligen Namen ein. Aber mit etwas Phantasie lassen sich auch selbst sehr originelle Tischkarten basteln.
Es seien hier einige *Vorschläge* angeführt:
Für *Tischkarten mit Wollfäden* nimmt man einen Karton, farbig oder weiß, und klebt auf diesen Karton mit Wolle den Namen des Gastes auf.

Zwei Muster für die Tischordnung

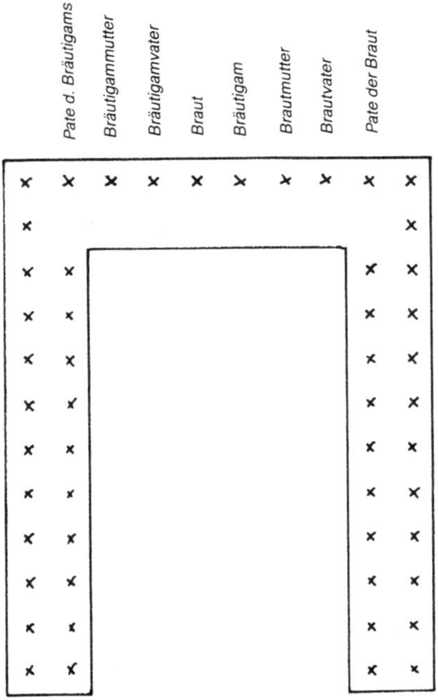

52 Personen

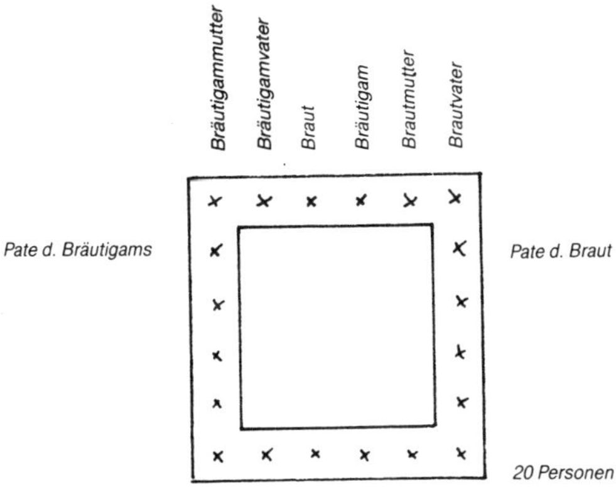

20 Personen

Sehr schön machen sich *Tischkarten,* die *mit Mustern aus Papier, Trockenblumen, Stroh oder Folien* beklebt wurden. Gepresste Blumen verzieren die Karten sehr schön, aber auch getrocknete Blätter. Man kann die Blätter im Schattenriss aufbringen, indem man eine Blattschablone anfertigt und diese mit Buntstiften schraffiert. Eine andere Variante sind *gebackene Tischkarten.* Diese sind gleichzeitig für jeden Gast ein selbst gebackenes Präsent, eine hübsche Aufmerksamkeit, wenn auch keine bleibende Erinnerung. Man kann in dieser Art jeweils die Anfangsbuchstaben von Vor- und Nachnamen jedes Gastes backen und auf den Teller legen oder Herzen, Sterne oder ähnliche Symbole und mit Zuckerguss den Namen aufspritzen. Bei den kleinen Gästen sind Schiffchen aus Mürbeteig, beladen mit Süßigkeiten, sehr beliebt. Ein Segel trägt den Namen des Gastes.
Für eine Hochzeit sind Tischkarten angebracht, die Symbole der Liebe tragen, zum Beispiel Herzen oder ineinander gefügte Ringe. Diese kann man aufmalen oder ausschneiden und aufkleben. Besonders bei den ineinander gefügten Ringen erzielt man eine schöne Wirkung, wenn nur ein Ring aufgeklebt wird, der andere etwas absteht und somit ein räumlicher Eindruck entsteht. Nett wirken auch *Tischkarten,* die gleichzeitig *als Kerzenständer oder Serviettenhalter* fungieren. Man muss hierzu eine Hälfte der Tischkarte in Streifen schneiden, die immer noch von einem Rahmen gehalten werden. Diese zieht man abwechselnd auseinander und fädelt die Kerze dazwischen ein.

Etwas Mühe macht eine andere Art von Tischkarten, die die Gäste jedoch mit viel Applaus belohnen werden: Man besorgt sich von jedem Gast ein Kinderfoto und klebt dieses auf eine Tischkarte, ohne den Namen beizufügen. Beim Betreten des Restaurants muss jeder Gast zuerst einmal sein eigenes Foto suchen. Das verursacht viel Spaß und lockert die Atmosphäre gleich zu Anfang des Festes auf.

Servietten

Ein kurzer Exkurs sei noch der Serviettenfaltkunde gewidmet. Einige Möglichkeiten seien hier vorgestellt:

Die Kerze

- Serviette diagonal falten.
- Einen Rand von 3 bis 5 cm nach hinten umfalten.
- Die Serviette so einrollen, dass der Rand außen sichtbar wird.
- Der letzte Zipfel wird in der Serviette verklemmt, die man dann mit beiden Zipfeln nach vorne auf den Platz stellt.

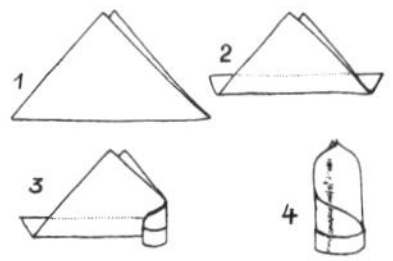

Der Pfau

- Eine große und eine kleine Serviette aufeinander legen und ziehharmonikaartig falten.
- Die gefalteten Servietten werden in der Mitte eingeknickt.
- Anschließend stellt man die Serviette in ein Glas und zieht sie auseinander, so dass sie sich wie ein Rad über einem Pfau entfaltet.

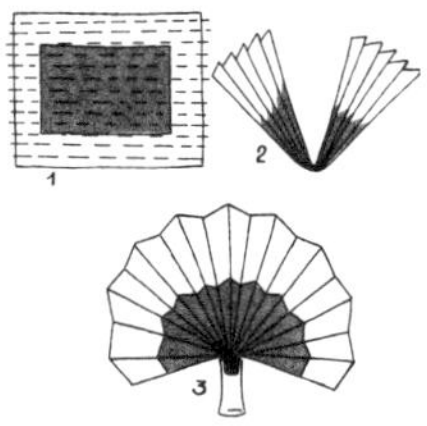

Die Mütze

- Die Serviette wird diagonal gefaltet.
- Die beiden geschlossenen Ecken werden zur offenen Ecke hochgefaltet. Es entsteht ein Quadrat.
- Das Quadrat wird zu einem Dreieck gefaltet.

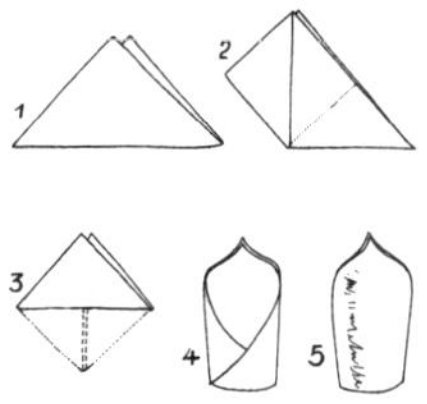

- Das Dreieck biegen wir rund und stecken die eine Spitze in den offenen Falz der anderen.
- Wir stellen die Mütze mit der Spitze nach vorne auf den Platzteller und biegen den vorderen Zipfel leicht nach unten.

Harmonie

i Bei der Dekoration ist unbedingt darauf zu achten, dass eine farbliche Harmonie eingehalten wird. Am schönsten wirken Ton-in-Ton-Dekorationen (Tischdecke, Servietten, Kerzen und Blumen).

Blumenschmuck

Auf einer Hochzeitsfeier dominiert der Blumenschmuck. Je nach Jahreszeit wird man ihn vielfältig und verschwenderisch gestalten. Heiratet man im Winter, so kann man durchaus verstärkt auf Trockengestecke ausweichen.

Blumenschmuck in der Kirche

Wer für die Kirche einen besonderen Blumenschmuck wünscht, muss sich selbst darum kümmern. Im Allgemeinen dekoriert man den Altar mit einigen Blumenstöcken und stellt in das Taufbecken eine Blumenschale. Man kann auch große Sträuße in Bodenvasen wählen. Den Blumenschmuck belässt man meistens in der Kirche, um die Gottesdienstbesucher ebenfalls zu erfreuen.

Streublumen

Nicht mehr so häufig werden heute Streublumen verwendet. Hat man jedoch Brautjungfern vorgesehen, so kann man ihnen kleine Blumenkörbe in die Hand geben mit verschiedenen einzelnen Blumen, die sie beim Verlassen der Kirche auf den Boden streuen.

Blumen für die Gäste

Schön wirkt es, wenn die eingeladenen Damen einen kleinen Strauß Frühlingsblumen geschenkt bekommen. So wird das ganze Fest zu einem Blumenfest.

Blumenschmuck im Restaurant

Der Blumenschmuck im Restaurant wird in den meisten Fällen beigestellt. Die Blumen sollten farblich mit der Tischdecke und den Servietten harmonieren. Es empfiehlt sich, keine voluminösen Blumensträuße zu verwenden, da sonst die Tischfläche für das Hochzeitsmenü nicht ausreicht. Außerdem gibt es mit den Gegenübersitzenden Verständigungsschwierigkeiten! Mindestens ein Hochzeitsgesteck sollte man von einem Floristen anfertigen lassen und vor den Plätzen des Hochzeitspaares aufstellen. Auch dieses Gesteck darf nicht zu groß geraten. Schließlich will das Brautpaar darüber hinwegsehen können.
Den Blumenschmuck für das Restaurant spricht man zweckmäßigerweise mit dem Restaurantpersonal ab. Dies gewährleistet, dass in Farbe und Größe die richtige Wahl getroffen wird.

Blumenschmuck für die Autos

Die Autos werden meistens auf der Kühlerhaube von einem Gesteck geziert. Dieses Gesteck wird mit einem Magneten befestigt. Die Blumengeschäfte liefern das fertige Gesteck und bringen es auch auf dem Fahrzeug an. Am Morgen vor der

Trauung sollte der Fahrer des Hochzeitswagens bei der Gärtnerei oder am Blumenladen vorfahren und sein Fahrzeug dekorieren lassen. Natürlich muss er daraufhin die Fahrgeschwindigkeit nach dem Blumenschmuck ausrichten.

Brautstrauß

Der Brautstrauß ist eine kleine Wissenschaft für sich. Er soll nicht nur zum Kleid, Typ, Alter, zur Haarfarbe und zur Größe der Braut passen, er soll auch die Lieblingsblumen der Braut

berücksichtigen und schließlich zu einem ganz persönlichen Schmuckstück werden. Jeder attraktive Brautstrauß wird somit zu einem Kunstwerk aus floralen Werkstoffen.
Der *Biedermeierstrauß* besteht aus einzelnen Blüten oder Blumen besonderer geschlossener Knospenform, die zu einer Kugel zusammengebunden werden.
Der Brautstrauß in *Tropfen-* oder *Bogenform* enthält Blüten verschiedener Art, die am oberen Teil zu einer Tropfenform verarbeitet werden. Kleinere Blätter betonen den fließenden Lauf des Straußes.
In einen *asymmetrischen* Brautstrauß sind Accessoires wie Glaskugeln, Plexiglasreifen, Drähte und Wattekugeln eingearbeitet. So erhält man spannungsreiche Kompositionen.
Gibt es bei der Wahl des Brautstraußes Probleme, berät man sich am besten mit einem geschickten Floristen.

Anzeigen und Einladungen

Zeitungsanzeige

Die Zeitungsanzeige hat den Sinn, die Hochzeit in der Öffentlichkeit anzukündigen.

Folgender Inhalt muss in einer Anzeige erfasst sein:

- Zweck
- die beiden Beteiligten
- Ort der Handlung
- Zeit

oder anders ausgedrückt:

- wer mit wem?
- was?
- wann?
- wo?

WIR HEIRATEN

Ewald Jeindl
Ingrid Jeindl
geb. Zobel

19. Juni 20..

Erlangen

Trauung am 19. 6. 20.., 14.00 Uhr in der Frauenkirche am Hauptmarkt

WIR HEIRATEN

Peter Manner
Renate Manner
geb. Schlögl

Kirchliche Trauung am 19. Juni 20..
um 13 Uhr in der St.-Kunigund-Kirche

Wir feiern Hochzeit

Rainer Lazarus
Färbergraben 53
8500 Nürnberg 70

Cornelia Kaufmann
A.-Müller-Straße 4
8504 Stein

Kirchliche Trauung am 19. Juni 20.., Martin-Luther-Kirche in Stein

Wir schließen den Bund fürs Leben

Elfi Vogtland

Udo Gerlach

Kassel, **19.** Juni **20..**

Zeitungsanzeigen lassen wenig Raum für eine persönliche Gestaltung. Man sollte sie auch nicht mit aller Gewalt versuchen. Ab und zu kommt es vor, dass Freunde Zeitungsanzeigen mit etwas ironischem Inhalt aufgeben. Dies schickt sich für das Brautpaar selbst jedoch nicht.

Durch Heirat wurde unser lieber Freund

„Schack"

aus unserer Mitte gerissen.

Seine hinterbliebenen Stammtischbrüder:

Hochzeitsanzeige

Die Funktion eines Zeitungsinserates kann auch eine gedruckte Hochzeitsanzeige erfüllen, die an einen größeren Kreis von Personen verschickt wird.
Auch in diesem Fall wird man die Hochzeitsanzeige noch relativ nüchtern und informativ halten. Eine nette Individualisierung könnte man durch eine Fotokarte erreichen. Auf der einen Hälfte ist das Brautpaar abgebildet, auf der anderen Hälfte steht der Anzeigentext.
Weiterhin lässt sich natürlich durch die grafische Gestaltung eine persönliche Note erreichen.

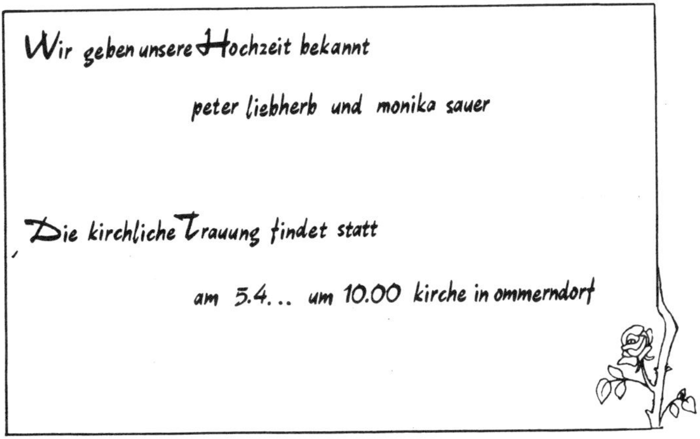

Einladungen

Wirklich interessant für einen Individualisten werden die Einladungskarten oder -briefe, die man an einen Personenkreis verschickt, der einem etwas näher steht. Hier kann man der Phantasie größere Freiheit einräumen.
Solche Einladungen müssen nicht unbedingt perfekt gestaltet sein; lustige Ideen zählen im Zweifelsfall mehr.

Einladung zum Polterabend

Eigentlich ist eine Einladung für den Polterabend nicht notwendig. Es ist üblich, dass sich Freunde, Geschäftskollegen und Bekannte uneingeladen zum Polterabend einstellen, um noch ein letztes Mal mit den beiden Ledigen zu feiern. Dennoch ist es denkbar, für den Polterabend eine Einladung herauszugeben. Das schließt spontane Besucher nicht aus, gibt aber einen besseren Überblick über die Zahl der zu erwartenden Gäste.

Durch die Einladung kann man den Ort der Handlung bestimmen und somit Einfluss auf den Ablauf des gesamten Abends nehmen – und natürlich auch auf das unvermeidliche und hoffentlich ausgiebige Poltern. Man sollte jedoch keine zu steife Einladung formulieren. Auch erscheinen Kleidungsvorschriften nicht angebracht. Persönlicher ist es, sich künstlerisch zu versuchen und eine selbstgezeichnete und -geschriebene Einladung zu erarbeiten. Dabei darf man für private Zwecke ruhig

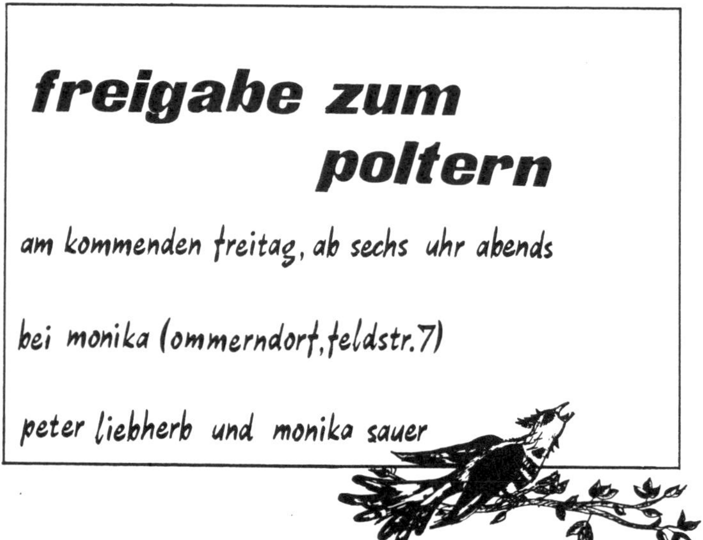

etwas »stibitzen«, beispielsweise aus einem Grafikbuch eine Abbildung herauskopieren, sie verfremden (wichtig!) und als Teil der Einladung verwenden. Für die Buchstaben wählt der gewitzte Amateur aus dem vielfältigen Angebot der Reibebuchstaben (zum Beispiel Letraset). Den so angefertigten »Prototyp« kann man vervielfältigen und an alle Einzuladenden versenden.

Selbstverständlich lässt sich die ganze Einladung auch am PC gestalten und dann farbig ausdrucken. Ein Brief wirkt höflicher als z.B. eine E-Mail.

Manchmal sind auch Abschiedsfeiern vom Junggesellendasein üblich, die jeder mit seinem Freundeskreis allein feiert. Dazu lädt man mit einem kurzen Schreiben ein.

Einladung zur Hochzeit

Die Einladung zur großen Hochzeitsfeier erfolgt in der Mehrzahl der Fälle durch eine gedruckte Einladungskarte, wobei heute schon eine so große Variationsbreite im Handel ist, dass durchaus nette Hochzeitsmotive ausgewählt werden können.

Beispiele:

- eine Hochzeitskutsche
- zwei ineinander verschlungene Ringe
- ein Herz
- eine Leiter, die in die Wolken führt

Man setze sich mit einem Drucker in Verbindung, der sicherlich ein ganzes Sortiment an Vorschlägen unterbreiten wird.

Die Einladung zur Hochzeit kann aber ebenso durch einen persönlichen Brief erfolgen oder, bei Gästen, die in der Nähe wohnen, in mündlicher Form durch einen Hochzeitslader, wie er in ländlichen Gegenden noch anzutreffen ist.

i In letzterem Fall geht ein Bekannter oder Freund von Haus zu Haus, gibt die Hochzeit bekannt und lädt die betroffenen Familien

zur Feier ein. In Abwandlung hiervon kann die Funktion des Hochzeitsladers auch von den Brautleuten selbst übernommen werden. Sie stellen sich bei einem Besuch vor und laden dabei persönlich ein.
Die individuelle Einladungskarte für die Hochzeitsfeier kann man grundsätzlich selbst gestalten. Wieder bieten sich grafische Anleihen von internationalen Kunstwerken an, die nach eigener Vorstellung etwas umgestaltet werden.
Man kann aber auch das ganze Fest unter ein Motto stellen, zum Beispiel: »Gemeinsam geht's besser!«
Eine mit Motto lässt jedoch bereits Rückschlüsse auf die Feier zu, und man darf dann die Erwartungen nicht enttäuschen; der Slogan ist sozusagen die Visitenkarte. Gestaltet man also eine Hochzeitseinladung sehr anspruchsvoll, sollte man darauf achten, dass das Fest selbst diesem Maßstab gerecht wird.

peter und monika liebherb

Das Hochzeitsmenü

Aperitif

Jedes Menü beginnt mit einem Aperitif.
Das Wort Aperitif kommt vom lateinischen Wort *aperire* = öffnen. Damit ist gemeint, dass man den Magen zur Aufnahme der Nahrung fröhlich stimmt. Der Aperitif soll also die Produktion von Magensaft anregen und die Erwartung auf das Essen steigern. Im Englischen nennt man daher diese Art von Getränken auch »appetizer« = Appetitanreger. (Zugegebenermaßen versündigt man sich schon hierdurch gegen eventuelle Schlankheitskuren diverser Gäste.)
Wie auch immer! Bei den Aperitifs gilt als Regel »Maß halten«, denn man soll lediglich den Appetit anregen und sich nicht den Appetit verderben oder einen handfesten Schwips antrinken. Dies bedeutet aber nicht, dass man auch mit seiner Phantasie Maß halten muss!

Hier eine Auswahl köstlicher Aperitif-Cocktails:

Amerikanische Wermut-Aperitifs

Bamboo
1 Teil französischer Wermut Dry
1 Teil Sherry Dry
1 bis 2 Spritzer Angostura bitter
– mit großen Eiswürfeln im Mixglas schnell verrühren
– ohne Eis ins Glas abseihen
– mit Orangenscheiben servieren.

Adonis
1 Teil italienischer roter Wermut
2 Teile Sherry Dry
1 bis 2 Spritzer Angostura bitter
– mit großen Eiswürfeln im Mixglas schnell verrühren
– ohne Eis in ein Glas abseihen.

Americano
1 Teil italienischer roter Wermut
1 Teil Campari
2 Eiswürfel
– im Mixglas verrühren
– mit Zitronensaft abspritzen
– im Glas servieren
– mit Sodawasser auffüllen.

Longdrinks mit Portwein oder Sherry
Sezimbra
2 Teile Portwein Dry
1 Teil Weinbrand oder Cognac
2 Spritzer Angostura bitter
2 Spritzer Vanillesirup
– mit zerkleinertem Eis im Shaker schütteln
– in Gläser abseihen
– mit Zitronenspirale dekorieren
– mit etwas Sodawasser auffüllen.

Blackstone
2 Teile Sherry Dry
1 Teil Gin
1 Spritzer Angostura bitter
– mit Eiswürfeln im Mixglas verrühren
– in Cocktailglas abseihen
– mit Zitronensaft abspritzen und servieren.

Aperitif-Cocktail mit Champagner
Champagner-Aperitif
– 1 Stück Würfelzucker mit Zitronensaft bespritzen
– in eine Sektschale legen
– mit 2 Spritzer Angostura bitter tränken
– 1 Teelöffel Zitronensirup dazugeben
– 1 Glas Dry Gin darübergießen
– mit eisgekühltem, trockenem Sekt oder Champagner auffüllen.

Eine fränkische Spezialität
Frankenvortrunk
1 Teil Zwetschgenschnaps
2 Teile Bitter-Lemon
1 getränkte Zwetschge
– mit Eiswürfeln im Mixglas verrühren
– in Cocktailglas abseien
– mit Zwetschge am Spieß servieren.

Nach diesen Getränken ist man gut vorbereitet für das Festessen.

Menü

Das Festessen beansprucht einen großen Teil der Feier, und man nimmt manche Mühe der Vorbereitung auf sich, damit es auch gelingt und allen Gästen mundet. Die Zusammenstellung des Mahls sollte das Brautpaar selbst vornehmen, natürlich in Abstimmung mit dem Koch des Restaurants. Er wird sicherlich Erfahrungen haben, von denen das Hochzeitspaar profitieren kann.

i Einige grundlegende Tipps seien noch verraten:

- Das Menü soll allen Gästen schmecken. Das bedeutet, dass man mit seiner Speiseauswahl im klassischen Bereich bleibt. Es ist fraglich, ob eine Seezunge in Weißwein bei allen Gästen auf Gegenliebe stoßen wird – da eben viele Menschen partout keinen Fisch mögen. Auch lassen sich nicht alle Gäste für ausländische Küche begeistern.
  Aus diesem Grund schlagen wir vor, kulinarisch in Deutschland zu bleiben, eine Fleischspeise zu wählen (aber bitte nicht Lamm!) und keine Experimente zu unternehmen.
- Das Menü sollte aber auch keine »Dienstag-Mittag-Hausmannskost« sein! Das widerspricht nicht den oben gemachten Einschränkungen. Zum einen lässt sich auch eine Fleischspeise samt Beilagen raffiniert zubereiten; zum anderen investiert man besonders viel Phantasie in Vorspeise und Nachspeise.
- Für Vegetarier oder Menschen, die z.B. keine Sahne vertragen, sollte es eine »ordentliche« Alternative geben.

Unter Berücksichtigung der obigen Grundsätze ergeben sich beispielsweise folgende *Menüvorschläge:*

Bouillon mit Markklößchen und Weißbrot
Geflügelcocktail Hawai
Cordon bleu
Kartoffelsalat oder Pommes frites
Erbsen-Karotten-Gemüse in Butter
Bohnensalat, Karottensalat, Kopfsalat, Spargelsalat
Vanilleeis mit heißen Himbeeren

oder:

Hummercocktail
Klare Ochsenschwanzsuppe
Gespicktes Rinderfilet in Madeirasauce
Überbackener Blumenkohl
Tomatensalat
Käse
Frische Früchte

Getränke

Wichtig sind auch die begleitenden Getränke. Bei einem festlichen Mahl ist bevorzugt Wein angebracht. Die nachfolgende Übersicht soll helfen, den richtigen Wein auszuwählen.

Selbstverständlich steht es jedem Gast frei, anstelle des angebotenen Weins Bier, Wasser oder Limonade zu trinken. Kindern bietet man beispielsweise Apfelschorle an. Es sollte auch immer genügend Mineralwasser – am besten mit wenig Kohlensäure (Medium) – bereit stehen.

i

Welcher Wein passt zu welchem Gericht?

Zu Vorspeisen:
leichte, spritzige Weine: Mosel, Chablis, Saar

Zu gekochtem Fisch:
leichte Weine: Mosel, Saar, Grauburgunder

Zu gebratenem Fisch, Krabben, Schnecken, Gänseleber:
ein voller rassiger Wein: Rheinpfalz, Rheinhessen

Zu weißem Fleisch, hellem Geflügel:
würzige, fruchtige Weine: Rheinhessen, Pfalz, Baden, Württemberg

Zu dunklem Fleisch, Grillgerichten, geschmortem Fleisch:
duftige Weißweine älterer Jahrgänge; Rotweine: Bordeaux, leichte Burgunder

Zu Wild und Geflügel (Ente, Gans):
kräftige und volle Rotweine: Burgunder, Ahr, Baden, Bordeaux

Zu Süßspeisen, Desserts, Nachspeisen mit Obst oder Eis:
süße Weine; süßer Sherry, Portweine, Tokaier oder Südweine und Roséweine, milder Sekt

Zu Käse, Käsespeisen:
schwere Rotweine: Burgunder, Ahr

Den Abschluss des Hochzeitsmenüs bildet ein Digestif, z.B. Calvados, Grappa oder oder ein Kräuterlikör. Auch klare Schnäpse für dic Verdauung sind willkommen. Kaffee, Mocca oder Espresso rundet das Mahl wohltuend ab.

Exkurs: Kleiner Aufdeck-Knigge

Hat man ein gutes Restaurant ausgewählt, wird es wohl kaum nötig sein, auf die richtige Form des Gedecks zu achten. Die Kellner sollten dies beherrschen. Will man jedoch zu Hause auftischen, so sei dies beispielhaft anhand einer Menüfolge skizziert:

Beispiel 1:

Aperitif: Americano

*

Bouillon mit Markklößchen und Weißbrot
Geflügelcocktail Hawaii
Wein: Mosel

*

Cordon bleu
Kartoffelsalat oder Pommes frites
Erbsen-Karotten-Gemüse in Butter
Bohnensalat, Karottensalat, Kopfsalat, Spargelsalat
Wein: Rheinhessen

*

Vanilleeis mit heißen Himbeeren
Wein: Tokaier

*

Klarer Schnaps

Aufdecken:

- Großer Vorlegeteller mit Serviette;
- Suppe und Geflügelcocktail werden jeweils in Portionsgefäßen serviert und diese auf dem Vorlegeteller abgestellt;

- Salatteller;
- zwei Weißweingläser, ein Dessertweinglas für die verschiedenen Weine;
- zwei Garnituren Besteck, einmal groß, einmal klein; das Besteck wird von außen nach innen gebraucht;
- das Schnapsglas wird nur auf Wunsch verteilt.

Beispiel 2:

Aperitif: Frankenvortrunk

*

Klare Ochsenschwanzsuppe
Wein: Chablis

*

Gespicktes Rinderfilet in Madeirasauce
Überbackener Blumenkohl
Tomatensalat
Wein: Bordeaux

*

Käse
Wein: Burgunder

*

Frische Früchte

*

Klarer Schnaps

Aufdecken:

- Großer Vorlegeteller mit Serviette;
- Suppe wird in einem Portionsgefäß serviert und auf dem Vorlegeteller abgestellt;

- Salatteller;
- zwei Weißweingläser und ein Rotweinglas für die verschiedenen Weine;
- zwei Garnituren Besteck, einmal groß, einmal klein; das Besteck wird von außen nach innen gebraucht;
- ein kleines Gedeck für Käse und Obst wird nach dem Hauptgang aufgelegt;
- das Schnapsglas wird nur auf Wunsch verteilt.

Menükarte

Ein Menü ist erst vollständig mit Menükarte. Sie lässt Vorfreude aufkommen, hält die Gäste während des Essens auf dem Laufenden hält, und ist gleichzeitig ein Souvenir.

MENUE

zur

HOCHZEIT

*

Aperitif: Frankenvortrunk

*

klare Ochsenschwanzsuppe

Wein: Chablis

*

Gespicktes Rinderfilet in Madeirasauce

überbackener Blumenkohl

Tomatensalat

Wein: Bordeaux

*

Käse

Wein: Burgunder

*

frische Früchte

*

klarer Schnaps

peter liebherb und monika sauer

Die Menükarten kann man entweder selbst basteln, schreiben oder malen, oder man kann sie natürlich auch drucken (lassen). Einige Vorschläge und Beispiele sind hier zusammengetragen.

Eine besonders außergewöhnliche Art, die Menüfolge anzukündigen, ist das Menütuch. Dabei handelt es sich um ein hauchdünn gewebtes Tuch, etwa in der Größe eines Damentaschentuchs, weiß oder pastellfarben. Besonders hübsch wirkt es, wenn es mit dem Tischtuch und den Servietten farblich abgestimmt ist. Dieses Tuch lässt man von einer Druckerei in schwarzer oder farbiger Schrift mit der Speisenfolge bedrucken.

Mixgetränke

Am Nachmittag kann man einige Mixgetränke servieren. Dabei lässt sich eine nette Geschichte über Mixgetränke erzählen:
Der Name Peter Minuit ist höchstens einigen Geschichtsbeflissenen bekannt. Dieser Herr wurde 1580 in Wesel geboren und eignete sich im Laufe der Zeit eine bestimmte Getränkevorliebe an: Er bedeckte eine Prise Zucker und eine Messerspitze Ingwer mit so viel Rum und Wasser, dass man von den Zutaten kaum noch etwas herausschmeckte. Zu seiner Zeit als Gouverneur der niederländischen Kolonie Neuniederland traktierte er einmal die Indianer auf der Flussinsel Manhattan so lange mit seinem berühmten Cocktail, dass sie nicht mehr ganz verhandlungsfähig waren. Dann kaufte er ihnen für Glasperlen und anderen Tand im Wert von 24 Gulden die Insel ab, auf der heute der New Yorker Stadtteil Manhattan steht.

Es folgen unsere Beispiele. Will sich jemand intensiver über Mixgetränke informieren, soll er sich zum Studium einschlägige Literatur besorgen.

Die berühmtesten und beliebtesten Mixgetränke sind:

Martini-Cocktails:

Martini Extra Dry
4 Teile Gin Dry
1 Teil französischer Wermut Dry
1 Spritzer Orangen-Bitter
1 Mandel-Olive
– im Mixglas mit Eis anrühren
– ins Cocktailglas seihen
– einen Spritzer Orangen-Bitter hinzugeben
– und die gefüllte Olive einlegen.

Martini Sweet
1 Teil italienischer Wermut rot
2 Teile Gin
– im Mixglas mit Eis anrühren
– ins Cocktailglas seihen
– mit einem Zitronenschnitz abreiben
– eine gefüllte Olive einlegen.

Cocktails auf Whisky-Basis:

Manhattan Medium
1 Teil italienischer roter Wermut
1 Teil französischer Wermut Dry
4 Teile Whisky
1 Spritzer Orangen-Bitter
– mit Eis im Mixglas anrühren
– mit Maraschinokirsche servieren.

Manhattan Nr. 1 Dry
2 Teile Whisky
1 Teil italienischer bitterer Wermut
2 Spritzer Angostura bitter
– mit Eis im Mixglas anrühren
– mit Zitronensaft abspritzen.

Cocktail auf Gin-Basis:

Gin Sour
1 Teil Zuckersirup
2 Teile Limonen- oder Zitronensaft
8 Teile Gin
– mit Eis im Mixglas anrühren
– im Cocktailglas servieren.

Kaffeetafel

Für den Nachmittag, für die Kaffeetafel, gibt es meist nicht so viel zu bedenken. Man muss die Kuchen nicht alle beim Konditor kaufen. Häufig werden die Gäste um Kuchenspenden gebeten. Diese werden auf einer Kuchenbar aufgebaut, und jeder kann sich nach Herzenslust bedienen.

Der übrig gebliebene Kuchen wird in manchen Gegenden nach altem Brauch an die Nachbarschaft verteilt. Man möchte damit auch die nicht geladenen Nachbarn an dieser Feier Anteil haben lassen.

In alter Zeit gab es den Brauch der *Brautsuppe.* Es wurde ein großer Kübel schmackhafter Suppe angerichtet, und jeder im Dorf bekam davon einen Teller ab; ja sogar durchreisende Wanderburschen oder fahrende Leute konnten sich einen Teller Suppe abholen. So sollten sich alle an der Hochzeit, der fröhlichsten Feier des Lebens, mit dem Brautpaar freuen.
Noch ein Wort zum Kuchen: Häufig wird auch eine *Hochzeitstorte* aufgetischt. Darunter versteht man einen bis zu siebenstöckigen Kuchen, wobei jede Etage eine andere Geschmacksrichtung aufweist. Die originale Hochzeitstorte ist eine Buttercremetorte und daher vielleicht nicht mehr immer ganz so gerne gesehen; schließlich wird sie so zur Kalorienbombe. Damit die Torte nicht in sich zusammenfällt, wird sie von einem Drahtgerüst gestützt. Das Brautpaar schneidet die Torte nach altem Brauch gemeinsam an, und jeder Gast soll ein Stück erhalten.

Abendessen

Irgendwann schlägt die Stunde des Abendessens. Auch wenn den Gästen noch nicht der Magen knurrt, begeben sie sich wieder an ihre Plätze.
Oft wird ein kaltes Büfett angeboten, zu dem es nicht viel zu sagen gibt. Wir möchten hier eine Alternative vorschlagen: – *das Senf-Büfett.*
Auf einem Tisch baut man die verschiedensten Senfsorten auf (siehe Seite 124: Kleine Senfkunde), dazu folgende Speisen – alles zum Selbstbedienen:

– *kaltes und gekochtes Rindfleisch*
– *heißes gekochtes Hammelfleisch oder Eisbein*
– *kaltes gekochtes Kasseler*
– *gekochter Schinken*

- *warmer Fleischkäse*
- *heiße Würstchen*
- *Sülze*
- *kalter Braten*
- *Koteletts*
- *Fleisch-Spießchen*

- *graues und weißes Brot*
- *Roggen- und Graubrötchen*
- *Butter*

- *aparte Senfsauce mit Muscheln und Krabben*
- *feine kalte Senfsauce mit Eiern oder Würstchen*
- *Senf-Mayonnaise mit Chips*
- *marinierte Eier*
- *verschiedene Salate*
- *Gürkchen, Peperoni, Oliven etc.*

- *verschiedene Biere*
- *Fruchtsäfte, Mineralwasser*
- *Aquavit, Wodka, Korn*

Dieses Büfett kann man, hat man Zeit, selbst vorbereiten. Die meisten Speisen lassen sich zumindest einen Tag vorher zubereiten. Man kann aber auch die Dienste einer Restaurantküche oder eines Partyservice in Anspruch nehmen oder einige Freunde um Hilfe bitten. Wie wäre es, wenn man alle Freunde verpflichtete, eine Speise dieses Büfetts mitzubringen. Natürlich muss man, findet auch das Abendessen außer Haus statt, mit dem Restaurant klären, ob man diese Speisen beistellen darf. Die Gäste werden begeistert sein und sich voller Entzücken auf das phantasievolle Büfett stürzen. Es bietet eben »Pep« im Gegensatz zu einer normalen Aufschnittplatte.

Kleine Senfkunde

Dijon Senf:	fast weiß und sehr scharf;
Delikatess-Senf:	mit indischem Curcuma gewürzt (der bei uns übliche Senf);
Kräuter-Senf:	grünlich getönt, von milder Würze, mit Estragon, Kerbel und Petersilie abgeschmeckt;
Paprika-Senf:	mit mildem Paprika gewürzt und rötlich gefärbt;
Tomaten-Senf:	fast rot, zartwürziger Geschmack, mit Tomatenmark vermischt;
Feuersenf:	sehr scharf, mit Meerrettich abgeschmeckt;
Sardellen-Senf:	milder Senf, pikant mit Sardellen verrührt;
süßer Senf:	bräunliche Farbe, milder Geschmack, besonders zu Weißwürsten beliebt;
Mostrich:	mit Most oder Wein (nicht Essig) angerührter Senf.

Mode und Kleidung

Auch die Hochzeitskleidung unterliegt der Mode. Man sollte bei der Wahl der Kleidung in erster Linie davon ausgehen, welches Kleid, welcher Stil zur eigenen Persönlichkeit passt. Erst dann dürfen modische Überlegungen angestellt werden. Liebt man ein verspieltes oder strenges Kleid? Schwärmt man für Rüschchen oder für klare Linien? Man sollte rechtzeitig genügend Informationsmaterial besorgen und noch sorgfältiger als sonst seine Auswahl treffen.

Einige Hinweise hierzu:

- Wichtigste Voraussetzung ist, dass man sich in der Kleidung wohlfühlt und sie nicht als »ungeliebte Verkleidung« empfindet.

- Für die Herren der Schöpfung ist das Thema nicht sonderlich aufregend. Ein *schwarzer Anzug* oder ein *Smoking* sind Kleidungsstücke, die man ohne große Probleme bei jeder Hochzeit tragen und vor allen Dingen auch noch später nutzen kann.
- Die *Braut* trägt bei der *standesamtlichen Trauung* im Allgemeinen ein helles, vielleicht auch weißes *Kostüm.* Alle Accessoires sind farblich auf das Kleid abgestimmt. Bei der standesamtlichen Trauung ist jedoch als Kleidung erlaubt, was eben gefällt.
- Für die *kirchliche Hochzeitsfeier* gibt es wenig Variationsmöglichkeiten. Die Braut trägt ein *Brautkleid,* weiß, creme- oder pastellfarben, lang, mit oder ohne Schleppe. Das heute übliche weiße Brautkleid ist übrigens erst 200 Jahre alt. Die adeligen Damen des 18. Jahrhunderts trugen es zuerst. Die Braut aus dem Volk bevorzugte dagegen noch lange farbige Gewänder, häufig in Violett oder Schwarz. In Schwaben und in Oberbayern hielt man den weißen Farbton lange Zeit sogar für unschicklich. Mittlerweile wandelte sich dies grundlegend. Das weiße Brautkleid hat sich durchgesetzt; und im Gegensatz zu früher empfinden die meisten Menschen nunmehr ein buntes Brautkleid als unangebracht. Als Ausnahme gelten *Trachtenhochzeiten,* bei denen sowohl Braut wie Bräutigam (und nach Möglichkeit auch die Gäste) traditionell gekleidet sind.
- Bei *Wiederheirat* von Geschiedenen oder Verwitweten wird häufig auf das Brautkleid verzichtet. In diesem Fall empfiehlt sich ein *festliches Kleid oder Kostüm.* Der äußerliche Aufwand wird in solchen Fällen bewusst schlicht gehalten.
- Lange *Schleier* sind heute kaum mehr üblich. Der Schleier symbolisierte einst die Verheißung; die spätere Entschleierung deutete die Erfüllung an. Hierzu gibt es diverse *historische Vorbilder.* So ging die jüdische Frau verschleiert auf die

Straße. Nach dem Talmud gehörte sie mit der Verlobung dem Mann und hatte von da an nur noch verschleiert auszugehen. Die Entschleierung erfolgte immer nur gegenüber dem eigenen Ehemann.
Ähnliches Verhalten fand und findet man bei den arabischen und mohammedanischen Völkern.
Die israelitische Braut wurde am Hochzeitstag verschleiert aus dem Haus ihrer Eltern ins Haus des Gatten geführt.
Tief verschleiert wurde auch die griechische Braut zum Haus des Gatten gefahren. In diesem Fall wollte man mit der Verschleierung jedoch bewirken, dass sich die Frau den Weg nach Hause nicht merken konnte.
Heute hat sich gegenüber dem Schleier ein weißer Hut oder ein Blumenkranz durchgesetzt.

- Früher ebenfalls üblich war der *Brautkranz* oder die *Brautkrone,* ein *Myrtenkranz* oder ein *Kranz aus Rosmarinzweigen,* den man der Braut ins Haar steckte. Sie sollten Glück und Lebenskraft symbolisieren. Weiterhin galt der Myrtenkranz als ein Symbol der Keuschheit. Nur eine Braut, die ihre Jungfräulichkeit nicht verloren hatte, durfte einen Myrtenkranz anlegen.

Kleidung und Mode sind nicht nur für das Brautpaar ein Problem, sondern betreffen auch die *Gäste.* Es ist wohl üblich, dass die Damen ein festliches Kleid, meistens ein langes Kleid oder einen festlichen Hosenanzug, tragen, die Herren einen dunkelblauen oder schwarzen Anzug.
Ansonsten sollte man den Gästen bezüglich der Kleidung zwar keine Vorschriften machen, aber ihnen doch einige Hinweise geben. Treffen nämlich alle Damen bis auf eine im langen Kleid ein, mag dies für die betreffende Dame nicht gerade angenehm sein.

Ein kleiner Tipp ist vielleicht generell angebracht: Der Mode braucht man sich nicht zu unterwerfen, aber man könnte sie genießen. Man sollte nicht das tragen, was man tragen muss, sondern das, was man tragen möchte. Und offenen Auges sollte man auch einmal bereit sein, Geld für ein Kleid zu auszugeben, das eben nur an einem einzigen Tag getragen wird. Auf die häufige Argumentation, man könne das Hochzeitskleid umfärben und es später als Ballkleid tragen, lässt man sich am besten gar nicht erst ein. Die Praxis hat gezeigt, dass solche Vorsätze meist nicht in die Tat umgesetzt werden.

Geschenke

Die Geschenke stellen ein wichtiges Thema der Hochzeit dar – wobei wir hoffen, dass sie nicht zum dominierenden Thema der Hochzeit werden.

Braut

Beginnen wir mit den Geschenken, die die Braut einbringt: €
Bei der *Mitgift* handelt es sich um einen Geldbetrag oder einen Vermögensanteil, den die Frau von ihren Eltern anlässlich der Eheschließung erhält. Die Mitgift soll den finanziellen Grundstock des Brautpaares bilden. Der Brauch als solcher ist heute kaum mehr üblich. Vermögensanteile, die die Braut von ihren Eltern mitbringt, werden nicht unbedingt zum Hochzeitstag ausbezahlt.
Die *Aussteuer* ist heute nicht mehr so wichtig, unter Umständen auch gar nicht mehr so gefragt. Viele Ehepaare schaffen sich den ersten Grundstock des Haushaltes lieber gemeinsam an.
Haben die beiden – was mittlerweile die Regel ist – schon vor der Ehe zusammengelebt, ist meist ohnehin ein mehr oder we-

niger vollständiger Haushalt vorhanden. Es geht nun vielleicht darum, das Vorhandene zu ergänzen oder Dinge anzuschaffen, die man sich bislang nicht leisten konnte oder wollte.

Bräutigam

Dagegen sind die Geschenke, die der Bräutigam in die Ehe einbringt, immer noch aktuell.
Da ist zuallererst der *Ring* zu nennen.
Keine Hochzeit ohne Ring. Die Ringe und der Ringtausch sind Teil der öffentlichen Dokumentation der Eheschließung. Der Ringtausch steht als Symbol für den Zusammenschluss zweier Menschen. Obwohl es heute sehr viele Arten von Ringen gibt, hat sich ihre grundlegende Art nicht geändert. Der Ring besteht aus Gelbgold, Rotgold oder Weißgold, meistens von abgerundeter Form. An der Innenseite sind in der Regel die Initialen des anderen Ehepartners eingraviert sowie das Hochzeitsdatum.
Die Ringe werden im Verlauf der kirchlichen Trauung übergeben; falls keine kirchliche Trauung stattfindet, im Verlauf der standesamtlichen Trauung.
Den Ring trägt man in Deutschland üblicherweise am Ringfinger der rechten Hand.
Neben dem Ring schenkt der Bräutigam seiner Angebeteten im Allgemeinen Schmuck.

i Edelsteine sind Mineralien von großer Härte, die Licht unterschiedlich brechen und in den schönsten Farben erglänzen. Die Gewichtseinheit für Edelsteine ist das Karat (1 ct = 0,2 g). Nur die billigen Steine werden nach Gramm verkauft.
Teilweise können Edelsteine, besonders Korunde und Spinelle, bereits synthetisch so vollkommen hergestellt werden, dass man zwischen echten und unechten Steinen nur mit besonderen Instrumenten (z. B. dem Edelsteinmikroskop) unterscheiden kann.

Kleine Edelsteinkunde

Achat:	ein Quarz in vielen Farben, von grauen und weißen Streifen durchzogen (Brasilien, Uruguay)
Amethyst:	violette Quarzart (Brasilien, Madagaskar)
Aquamarin:	meeresblau und heller (Brasilien, Madagaskar)
Citrin:	gelblicher Quarz (Brasilien, Uruguay)
Granat:	feuerrot, weinrot, zimtfarben (Böhmen, Südafrika, Ceylon)
Jade:	undurchsichtiger, grünlicher Schmuckstein (China, Neuseeland, Birma)
Lapislazuli:	warmes, ruhiges Blau (Afghanistan, Chile)
Malachit:	lebhaftes Grün mit schöner Maserung (Ural, Kongo)
Mondstein (Labradorit/ Amazonit):	bläulich (Ceylon)
Nephrit:	helles Grün mit ausgeprägter Maserung (China, Neuseeland, Schlesien)
Opal:	alle Farben des Regenbogens; in Australien gibt es auch schwarze Opale und Feueropale in reinem Orange (Australien, Mexiko)
Rubin:	taubenblutrot, braunrot (Birma, Ceylon, Thailand)
Saphir:	kornblumenblau und heller (Indien, Ceylon, Kaschmir, Australien)
Smaragd:	dunkelgrün (Kolumbien, Ural, Österreich)
Tigerauge:	gelb bis bräunlich, gleichmäßig gemasert (Südafrika)
Topas:	ocker bis bräunlich (Ural, Brasilien, Madagaskar)

Türkis:	himmelblau (Iran, Mexiko)
Turmalin:	in allen erdenklichen Farben, bevorzugt werden Grün- und Rosatöne (Brasilien, Madagaskar, Südafrika)
Zirkon:	granatrot bis grün und blau (Ceylon, Hinterindien)

Der *Diamant*, der wertvollste Edelstein, symbolisiert Schönheit, Einzigartigkeit und Vollkommenheit. Nicht verwunderlich, dass der Diamant damit als Geschenk ganz besonders geeignet erscheint. Über den Gegenstand hinaus wird mit ihm auch eine Aussage gemacht. Außerdem repräsentiert der Diamant einen bleibenden Wert; er kann als Anlageobjekt betrachtet werden.

€ Zur Hochzeit bietet sich der Diamant als würdiges Geschenk des Bräutigams für seine Braut an. Der Kauf von Diamanten wird aber gerade für junge Leute zur Frage der finanziellen Möglichkeiten. Schließlich ist der Preis, der für Diamanten gezahlt werden muss, keine Kleinigkeit.

In diesem Zusammenhang offerieren einige Schmuckgeschäfte unter dem Stichwort »der wachsende Diamant« Umtauschaktionen. So kauft man in jungen Jahren bei schmalem Verdienst einen relativ billigen und kleinen Diamanten und tauscht ihn im Lauf der Jahre gegen Zahlung des jeweiligen Differenzbetrages in größere und wertvollere Diamanten um. Wie wäre das, wenn man bei jedem Hochzeitstag den Diamanten wachsen lassen würde?

Auch wenn man mittlerweile in vielerlei Hinsicht von überkommenen Traditionen abgerückt ist, so hat der Diamant seine Stellung behauptet. Auch heute noch ist er eines der edelsten, wertvollsten und ausdrucksvollsten Geschenke.

Kleine Diamantenkunde

Beim Kauf von Diamanten hat man auf die vier »C« zu achten:

1. Colour (Farbe)
2. Clarity (Reinheit)
3. Cut (Schliff)
4. Carat-weight (Karatgewicht)

Von diesen vier »C« sind Güte und Qualität eines Diamanten abhängig.

1. Colour (Farbe)
Sie ist einer der vier wertbestimmenden Faktoren. Diamanten kommen in nahezu allen Farben vor. Für Schmuck werden jedoch fast nur die farblosen Nuancen verwendet. Sie reichen von Blauweiß bis Gelb. Es gibt neun Abstufungen, die international festgelegt sind.

2. Clarity (Reinheit)
Wir kennen sieben international festgelegte Reinheitsabstufungen, von lupenrein bis Pique III (große zahlreiche innere Merkmale, die mit bloßem Auge leicht zu erkennen sind).
Diese inneren Merkmale nennt man »Einschlüsse«. Der Laie sieht sie bei besseren Stücken kaum. Beim lupenreinen Stein kann selbst der Fachmann bei zehnfacher Vergrößerung keine Einschlüsse mehr erkennen. Die Einschlüsse sind keine Fehler, sondern naturbedingte Mineralspuren oder Risse im Kristall. Sie beeinträchtigen die Schönheit eines Diamanten keineswegs, jedoch den Preis.

3. Cut (Schliff)

Erst der Schliff bringt das Feuer, die Brillanz, die Lichtspiegelungen.

Wenn die Facetten, die Winkelungen, nicht exakt verlaufen, wird das einfallende Licht nicht optimal gebrochen und reflektiert. Bei einem brillanten Schliff kommt jedoch das faszinierende Spiel des Diamanten mit dem Licht richtig zur Geltung. Man unterscheidet zwischen Brillantschliff, Marquiseschliff, Achtkantenschliff, Ovalschliff, Baguetteschliff, Tropfenschliff und Smaragdschliff.

4. Carat-weight (Karatgewicht)

Das Gewicht und damit die Größe wird in Karat gemessen. Das ist mittels elektronischer Waagen bis zur kleinsten Maßeinheit von einem Tausendstel Karat möglich. Ein Karat (ct) beträgt 0,2 Gramm. Diese Größe ist ein wichtiges Bewertungskriterium für den Preis.

So kann man davon ausgehen, dass ein Diamant von einem Karat beispielsweise dreimal so viel kostet wie ein Diamant von einem halben Karat.

Ein Geschenk des Bräutigams an seine Braut soll noch erwähnt werden: Es ist die *Morgengabe.*
Heute ist sie kaum mehr bekannt. Im alten deutschen Recht stellte sie jedoch ein Geschenk des Mannes an die Ehefrau nach Vollzug des so genannten Beilagers dar. Dieses Geschenk war für die materielle Sicherheit der Frau und des eventuell gezeugten Kindes von großer Wichtigkeit. Verstarb der Mann sehr früh, so stellte dies die einzige materielle Basis für die Witwe dar. Waren jedoch keine Kinder vorhanden, so fiel die Morgengabe nach dem Tod des Mannes wieder an die Familie des Mannes zurück. Beim Adel, wo der Brauch am längsten erhalten blieb, konnte die Morgengabe in Gütern, Burgen oder ganzen Ländereien bestehen.

Gäste

Wichtiger Bestandteil der Hochzeit sind die Geschenke der Gäste. In diesem Zusammenhang sollen mehrere Probleme angesprochen werden:

- Wie vermeidet man es, dass man verschiedene Sachen doppelt erhält? Beziehungsweise wie erreicht man es, dass die Geschenke dem eigenen Geschmack entsprechen?
- Wie stellt man später sicher, dass man die Geschenke und die Schenker nicht durcheinander bringt und allen für das richtige Geschenk dankt?
- Wie arrangiert man die Geschenke so übersichtlich, dass die Besucher alle Geschenke betrachten können und sich auch über die gute Platzierung der eigenen Geschenke können? Geschenke werden zwar gerne überreicht, aber auch die Schenkenden sind eben nur Menschen, die man leicht verletzen kann, wenn man es an der notwendigen Aufmerksamkeit fehlen lässt.

Dazu einige Tipps aus der Praxis:

Geschenkliste

i Man vermeidet Doppelgeschenke, indem man Geschenklisten erstellt und diese im Bekanntenkreis herumreicht. Die einzelnen Geschenke werden abgestrichen und stehen dann für spätere Anfrager nicht mehr zur Debatte.
Die Geschenkliste ist ein äußerst brauchbares und hilfreiches Instrument. Sie verhindert, dass das Brautpaar nach der Hochzeit stolzer Eigentümer von fünf Bügeleisen und drei Schnellkochtöpfen ist.

Die Geschenkliste besteht aus einer Aufstellung von Geschenkwünschen, in Listenform niedergeschrieben, die an Freunde und Bekannte verteilt wird, damit diese sich das passende Geschenk aussuchen können.

- Am besten stellt man von vornherein *verschiedene Geschenklisten* auf. Das bietet mehrere Vorteile: Man erscheint nicht unbescheiden, was passieren könnte, wenn man eine ellenlange Liste verschickt. Meistens steht auch nicht so viel Zeit zur Verfügung, dass nur eine einzige Liste an alle Bekannten, Verwandten und Freunde verschickt werden und diesen Kreis fristgerecht durch laufen könnte.
- Die Liste sollte so gestaltet sein, dass sie *Geschenke in allen Preislagen* bunt gemischt enthält, damit jeder frei auswählen kann, ohne sich zu einem für seinen Geldbeutel unangemessenen Geschenk verpflichtet zu fühlen.
- Die *Bezeichnungen* auf der Liste müssen *klar und eindeutig* sein. Rückfragen dürfen nicht erforderlich werden. Möchte ein Brautpaar zum Beispiel einen Vorhang bekommen, so genügt sicherlich nicht allein die Bezeichnung »Vorhang«,

sondern es sollten die Abmessungen sowie Form, Farbe und Material angegeben werden.

- Die Geschenkliste besteht aus *zwei Seiten*: Die *Vorderseite* bildet eine Art *Laufzettel*, gestaltet mit mehreren Namen und Adressen. An die erste Anschrift verschickt man die Liste mit der Bitte um Weitergabe an die nächste Adresse. Dabei sollte man die Liste so rechtzeitig auf den Weg geben, dass sie alle angeführten Adressen problemlos »durchlaufen« kann. Geben Sie jeder Familie mindestens drei Tage Bedenkzeit und kalkulieren sie den Postweg mit ein.

- Auf der *Rückseite* sind die *Geschenke* aufgeführt. Vor Weitergabe der Liste muss das ausgesuchte Geschenk ausgestrichen werden und steht somit für den nächsten Schenkenden nicht mehr zur Verfügung.

- Die Geschenkliste selbst kann man mit den unter »Geschenke« oder unter »Haushalts-Erstausstattung« (siehe besonders Seite 141) aufgeführten Ideen und Vorschlägen zusammenstellen.

Trotz aller unbestrittenen Vorteile ist die Geschenkliste immer noch unbefriedigend, weil

- der Umlauf relativ viel Zeit in Anspruch nimmt,
- die Auswahl der Geschenke nur bedingt gesteuert werden kann und
- vor allen Dingen geschmackliche Wünsche nur sehr schlecht berücksichtigt werden können.

Beispiel einer Geschenkliste

(Vorderseite)

Liebe Freunde!
Manchmal rauchen bei der Wahl der Geschenke die Köpfe. Damit Ihr darunter nicht leiden müsst und damit wir nicht manche gut gemeinten Geschenke doppelt erhalten, möchten wir Euch unsere Geschenkliste zusenden. Sicher findet Ihr darunter ein passendes Geschenk für unsere Hochzeit. Streicht es auf der Rückseite einfach aus und sendet die Liste an die nächste Adresse weiter.
Schon jetzt vielen Dank.

1. *Peter Schmitt, Rosinenweg 3, 90765 Fürth*
2. *Doris Kanster, Bananenweg 65, 90766 Fürth*
3. *Rita Kalauer, Baumstr. 57, 90431 Nürnberg*
4. *Monika Kanig, Rütlistr. 35, 91126 Schwabach*
5. *Familie Günther, Mönchweg 55, 91126 Schwabach*
6.
7.
9.
10.
11.
12.
13.
14.
15.
16.
17.
18. *wieder zurück an uns*

Rückseite

- [ ] Brotschneidemaschine
- [ ] Kerzenleuchter
- [ ] Bettwäsche (hellgrün), 135 x 200 cm
- [ ] Badetuch (Frottee, dunkelbraun)
- [ ] Staubsauger
- [ ] Schmortopf, Dekor Rütli, Marke Villigst
- [ ] Kasserolle, Dekor Rütli, Marke Villigst
- [ ] Dielenspiegel, rund, Durchmesser 50 cm
- [ ] Patchworkdecke
- [ ] Eiswürfelbox
- [ ] Tischdecke für unseren runden Tisch passend, Durchmesser 150 cm
- [ ] Essig- und Ölgefäß
- [ ] Fruchtschale aus Glas
- [ ] Rumtopf
- [ ] ein Kochbuch
- [ ] Küchenschürze
- [ ] Kaffeemaschine
- [ ] Dessertgläser
- [ ] Feuerzangenbowle
- [ ]
- [ ]
- [ ]
- [ ]
- [ ]
- [ ]

Geschenktisch

i Als Alternative zur Geschenkliste empfiehlt sich der Geschenktisch – vorausgesetzt, die meisten Verwandten und Freunde wohnen im selben Ort wie Braut oder Bräutigam. Einen Geschenktisch kann man sich in einem Haushaltswarengeschäft aufstellen lassen. Das Brautpaar sucht sich in diesem Geschäft alle Geschenke selbst aus. Diese werden im Laden auf einem gesonderten Tisch dekorativ aufgestellt. Man schickt nun alle Bekannten, die nach Geschenken fragen, in dieses Geschäft. Dort können sie vom Hochzeitstisch nach ihrem Ermessen auswählen.

Dieses Verfahren vereinigt eine ganze Reihe von Vorteilen in sich: Das Brautpaar erhält gezielt die Geschenke, die es sich ausgesucht hat; es kann die farbliche Zusammenstellung und Formgebung genau nach dem eigenen Geschmack wählen. Freunde und Bekannte müssen nicht lange auf eine Geschenkliste warten, die vielleicht unterwegs verloren gegangen ist, sondern sie können in aller Ruhe den Laden besuchen und ein Geschenk aussuchen. Sie können es sofort mitnehmen, selbst einpacken und noch eine nette Karte beilegen – oder alles Weitere dem Geschäft überlassen.

Fragen Sie doch einfach in einem Haushaltswarengeschäft nach diesem Geschenktisch. Ist das Verfahren noch nicht bekannt, so bitten Sie den Geschäftsführer, es einzuführen. Es ist schließlich nicht sein Schaden. Ein großer Teil der Hochzeitsgeschenke wird damit in seinem Laden gekauft.

Variante: Im betreffenden Geschäft eine Liste der ausgesuchten Geschenke auflegen oder aushängen lassen.

Viele Ideen

Wer noch weitere Ideen für Geschenke benötigt, möge einfach im Internet surfen. Hier einige Links:
http://www.mydays.de/
http://www.pearl.de/Geschenke_Geschenkideen.html
https://www.jochen-schweizer.de/?title=index&affiliate=google_geschenke
http://www.geschenktipp.com/
http://www.gourmondo.de/category.jsp?category=70000&aid=920001
http://de.shopping.com/xGS-geschenke~NS-1~linkin_id-7000309?gclid=CJqSqoSVgYICFQQYQgodlHTUCQ
http://www.s.oliver-shop.de
http://www.mypixmania.com/de/de/objets-personnalises/
http://www.yousmile.de/

Dankesliste

Trifft bei einer der beteiligten Familien ein Geschenk ein, wird sofort auf das Paket der Name des Schenkers geschrieben oder die Glückwunschkarte mit Klebeband daran befestigt. Man sollte dies sehr konsequent durchführen, da die Glückwunschkarten immer die Tendenz haben, sich selbständig zu machen.
Die Geschenke werden später in die Wohnung des Brautpaares gebracht, dort ausgepackt und sofort in eine Liste (Muster siehe unten) eingetragen. Auch dies sollte man mit strikter Konsequenz befolgen, da man sonst leicht den Überblick verliert.
Die Rubrik »Adresse« kann man noch offen lassen. Es ist ausreichend, wenn man sie später, in einer stillen Stunde nach der Hochzeit, in aller Ruhe ausfüllt. Diese Liste bildet schließlich die Grundlage für alle Danksagungen.

Man braucht sich damit nicht anonym und etwas lieblos »für die überlassenen Geschenke« zu bedanken, sondern kann sich konkret zum Beispiel »auf den wunderhübschen Blumentopf« beziehen.

Geschenk	Schenker	Adresse
Blumentopf	Peter Schmitt	Nürnberg, Rosinenweg 3
goldener Löffel	Tante Anni	Nürnberg, Einbahnstraße 6
Radieschenmesser	Wolfgang Pfand	
...	...	...
...	...	...
...	...	...

Aufbau der Geschenke

Anschließend werden die Geschenke schön übersichtlich in einer Ecke der Wohnung aufgebaut. Man platziert größere Geschenke im Hintergrund, rückt kleinere in den Vordergrund. Schließlich verblassen größere Geschenke nicht gleich, wenn

sie etwas weiter hinten aufgebaut sind. Und die kleinen werden optisch aufgewertet.
Man muss daran denken, dass man jedem Schenker, unabhängig davon, was er geschenkt hat, persönliche Hochachtung zuteil werden lässt. Dies kann man auch ein bisschen im Aufbau der Geschenke dokumentieren.

Geschenkvorschläge

Was lässt man sich nun eigentlich schenken? Im Folgenden seien einige Vorschläge gemacht:

- *Für Eltern:*
  Wohnungseinrichtung, Einbauküche, Hochzeitsreise, Auto (auch ein gebrauchtes), Geldbetrag, Waschmaschine, Kühlschrank, Gefriertruhe, Geschirrspülmaschine.

- *Für Paten:*
  Das traditionelle Patengeschenk ist ein Speise- oder Kaffeeservice. Genauso schön, aber viel origineller, ist vielleicht die Anmietung einer Hochzeitskutsche.

- *Für Firmen und Vorgesetzte:*
  Hier wird meistens ein Präsentkorb (auch »Fresskorb« genannt) geschenkt. Persönlich wirkt ein Korb, der sich durch seine Zusammenstellung auszeichnet.

  Es gibt folgende Arten:
  - nur aus Alkoholischem bestehend,
  - nur aus ausgesuchten Weinen bestehend,
  - nach Spezialitätengebieten zusammengestellt (z.B. Elsass, Schwarzwald, Franken, Bremen, Alpenland),
  - nach Jahreszeiten zusammengestellt (z.B. Ernte, Frühling, Weihnachten),

– nach besonderen Vorlieben der Beschenkten zusammengestellt (z. B. für Vegetarier, für Mixer, für einen Fischfreund);
Präsentkörbe kann man sich in jedem Feinkostgeschäft, in jeder Lebensmittelabteilung eines Kaufhauses nach seinen Wünschen zusammenstellen lassen. Ebenso gut kann man aber auch die Einzelteile selbst einkaufen und in einen Korb packen. Das ist auf jeden Fall wesentlich billiger und soll auch noch Spaß machen.

- *Für Geschwister, Kollegen, Freunde, Bekannte und Verwandte*
(die hier genannten Gegenstände eignen sich besonders zur Aufnahme in die Geschenklisten):
Foto- oder Videokamera, Objektive, CD-Spieler, Fotobuch, Geldgeschenke, Hängesessel, Liegestuhl, Pflanzen, Feuerzangenbowle, schönes Bild, Schreibtisch, Fernseher, Beistelltisch, Sitzelemente, CDs (z.B. Opernaufnahmen), Theaterabonnement, Mitgliedschaft im Fitnessstudio, Wellness-Wochenende Auflaufform, Besteckkasten, Citruspresse, Dessertgläser, Eierkochautomat, Essig- und Ölgeschirr, Fruchtschale, Fischservice, Flambierpfanne, Grillgerät, Geschirr (Kaffee-, Tee-, Speise-), Fonduegeschirr, Küchenuhr, Käsebrett, Kaffeemaschine, Küchenwaage, Kuchenform, Mixer, Pastetenterrine, Puddingform, Rührgerät, Römertopf, Rumtopf, Silberplatten, Salatschüssel, Salatschleuder, Toaster, Warmhalteplatten, Warmwasserboiler, Weinkaraffe und -Gläser, Tortenplatte, Waffeleisen, Kochbuch, Kalorienbuch, Küchenuhr mit Wecker, Radiouhr, Kräuterkasten, Tischdecke und Sets, Salatplatten, Küchenschürze, Tontopf, Elektrotöpfe, Pfanne, Steakpfanne, Joghurtzubereiter, Brotschneidemaschine, Brotbackautomat, Kerzenleuchter, Gästebuch, Steppbetten, echtes Bierfass plus Zapfsäule,

Sektkübel plus Sektflasche, Flipperautomat, Tischfußballgerät, Patchworkdecke, Tagesdecke, Eiswürfelbox, Irish-Coffee-Set, kleine Plastik, Hausbar, Dielenspiegel, Garderobenständer, Radio, Bettwäsche, Vorhänge, elektrische Zahnbürste, Handtücher, Badetuch, Schmortopf, Kasserolle, Bügeleisen, Staubsauger, Teppichkehrmaschine, Werkzeugkasten, Tischdecke ...

Sicherlich ist diese Aufzählung noch unvollständig. Sie soll auch nur eine gewisse Anregung bieten. Der Fortführung sind keine Grenzen gesetzt.

Noch ein Wort zu *Geldgeschenken*: Viele Brautpaare wünschen sich ausdrücklich Geld. Eine »Geldhochzeit« ist durchaus üblich. Geldgeschenke werden allerdings immer mehr oder weniger verstohlen übergeben, und häufig fühlt sich weder der Schenker noch der Beschenkte sonderlich wohl dabei. Dies kann man ganz einfach dadurch umgehen, dass man sich für das Geldgeschenk eine hübsche Verpackung einfallen lässt.

Hier einige Beispiele:

- ein kleines Säckchen voller Schokoladenmünzen und 1- oder 2-Euro-Stücken
- ein gefülltes Sparschwein
- gefüllte Zigaretten: Der Tabak wird mit einer Nadel vorsichtig herausgezogen, dafür ein zusammengerollter Geldschein hineingesteckt
- Goldbarren
- großes Marzipanschwein mit Geldschein im Maul
- Geldkassetten, mit Münzen gefüllt
- Aktien und dazu ein Buch über »Geldanlagen«
- Sparbuch und dazu ein Buch »Wie man schnell reich wird«
- Geldrolle und ein Buch über Geldfälscher
- Geld in einer Brieftasche
- Lottoschein, ausgefüllt, mit dem Einzahlungsbetrag versehen.

Fotografieren

Wahrscheinlich gibt es keine Hochzeit, auf der nicht fotografiert wird. Schließlich will man die Erinnerung an diesen Tag optisch bannen. Freunde und Verwandte bekommen den Auftrag, jede Phase des Hochzeitstages festzuhalten. Hinterher erhält das Hochzeitspaar die Abzüge geschenkt.

Genauso häufig muss man jedoch auch feststellen, dass das Resultat nicht den gehegten Hoffnungen entspricht. Die einen Bilder zeigen nur Köpfe ohne Personen, die anderen Personen ohne Köpfe; viele Bilder sind verwackelt, unscharf, unter- oder überbelichtet. Da wäre es natürlich am besten, einen Profi zu beauftragen, eine gekonnte Reportage des gesamten Ablaufes in Auftrag zu geben. Dies ist allerdings mit hohen Kosten verbunden, denn der Fotograf verrechnet nicht nur die einzelnen Bilder, sondern auch die investierte Zeit. Wer diese Ausgabe sparen möchte, sollte sich in seinem Bekanntenkreis rechtzeitig nach einem geübten Fotografen umsehen und ihn einladen – auch wenn er zunächst gar nicht als Gast vorgesehen war.

Mit ihm spricht man sich rechtzeitig ab, erklärt ihm genau, welche Bilder man sich vorstellt. Vielleicht geht man schon einmal die Phasen des Handlungsablaufs durch, besichtigt mit ihm die »Tatorte«, damit er sich frühzeitig Gedanken über die besten Aufnahmepositionen und -bedingungen machen kann.

Damit sollen aber nicht alle Spontan-Fotografen zum Nichtstun verurteilt werden. Gerade Bilder von ungeübten Fotografen werden manchmal unerwartet schön oder lustig, auch wenn sie nicht durch einwandfreie Technik zustande gekommen sind. Ermuntern Sie daher alle Ihre Freunde, zu fotografieren.

i Während des Gottesdienstes ist Fotografieren nicht immer gern gesehen. Vor allem ein Blitzlichtgewitter kann die feierliche Atmosphäre beeinträchtigen. Sprechen Sie mit dem Pfarrer darüber; richten Sie sich auch ein bisschen nach seinen Wünschen. Ihre Fotografen sollten möglichst gute Kameras zur Verfügung haben – und damit auch umgehen können; sie sollten während des Gottesdienstes auch nicht ständig herumgehen, um jede Position zu nutzen und nur ja kein Detail auszulassen. Es ist auch nicht allen Gästen recht, wenn sie die ganze Zeit »videoüberwacht« sind. Verwandeln Sie also die Kirche nicht in ein Film- oder Fotostudio. Legen Sie Wert auf ein Bild vom Anstecken der Ringe, so kann man diese Szene erforderlichenfalls hinterher noch einmal nachstellen; und dann mögen die Fotografen von allen Seiten nach Herzenslust »schießen«.

Denken Sie auch rechtzeitig an das offizielle« Hochzeitsfoto. Verfügt man nicht über einen wirklich guten Fotografen (auch Amateur) in der Verwandtschaft, der eine Studioausrüstung besitzt, dann sollte man einen »Profi« aufsuchen. Dies muss natürlich in den Ablauf der Hochzeitsfeier eingeplant sein! Für ein, zwei Stunden muss sich das Hochzeitspaar frei machen, zum Fotografen fahren und dort die Bilder anfertigen lassen. Bereits einige Wochen vorher sollte ein Gespräch mit dem Fotografen stattfinden, um die Termine, die Art des Fotos und die Anzahl der Abzüge – oder, bei digitalen Aufnahmen – die Kosten für die Überlassung einer CD zu klären.

Es lohnt sich, unabhängig vom Üblichen einmal darüber nachzudenken, ob man auf solch einem traditionellen Studio-Hochzeitsbild überhaupt bestehen will. Kann man es nicht ganz anders anpacken?

Bei gutem Wetter kann man vor oder nach der Trauung vielleicht in einen nahe gelegenen Park gehen und dort unter grünen Bäumen fotografieren oder am alten Stadtbrunnen oder in den Mauerbögen im Wandelgang um die Kirche. Dort können sich neue Perspektiven ergeben, Hochzeitsbilder voller Leben – und nicht weniger dokumentarisch.

Der Einsatz einer Videokamera bietet sich besonders an, wenn es lustig und lebhaft zugeht: bei den unterhaltsamen Darbietungen der Freunde, beim Tanzen usw.

Friseur

Der Friseur stellt sicherlich kein großes Thema für die Herren der Schöpfung dar, obwohl auch jenen zu empfehlen ist, auf ihrer Hochzeit mit einem gepflegten Haarschnitt zu erscheinen. Bei den Damen ist das Problem nicht so einfach zu lösen. Es gibt da sehr viele Varianten von Frisuren. Man sollte sich genau überlegen, welche Frisur man auswählt, ob sie zum eigenen Typ und zum Kleid passt und ob sie zumindest so pflegeleicht ist, dass man nicht den Friseur auch noch zur Hochzeit einladen muss. Auf keinen Fall darf die Frisur aufgepfropft wirken und aus Ihnen einen anderen Menschen machen. Darüber hinaus wäre zu bedenken, dass die Frisur das persönliche Wohlempfinden des Einzelnen stark beeinflussen kann.

Der Polterabend

Zum Polterabend kommen für gewöhnlich sehr viele Gäste, unerwartet oder eingeladen. Als Brautpaar ist man an diesem Abend vor keinerlei Überraschung gefeit. Man erhält Geschenke, die von brauchbar bis lustig und humorvoll reichen. So kann es passieren, dass man ein lebendiges Glücksschwein ins Zimmer gestellt bekommt. Auch mit den Scherben muss man sich abfinden, wenn vor der Haustür Gefäße zerschlagen werden.

Es gibt Polterabende, zu denen die Gäste mit kompletten Toilettenschüsseln und Waschbecken angefahren kommen. Diesen blüht dann genussreiche Zerkleinerung.

Beim Polterabend wird den Gastgebern die Regie zu einem gewissen Grad aus der Hand genommen. Sie sind damit beschäftigt, sich mit den Scherzen der einzelnen Gäste auseinander zu setzen, und haben keine Zeit, sich so richtig als Gastgeber zu fühlen. Deshalb sollte man alles so arrangieren, dass jedermann selbst zugreifen und sich bedienen kann; beispielsweise das Büfett als große Tafel aufbauen mit

- Würstchen, kalt und warm,
- Käse in Stücken,
- Brot und Brötchen,

- Gewürzen, Meerrettich und Senf,
- Bier, Wein, nichtalkoholischen Getränken,
- Gläsern, Tellern und Besteck.

Das benötigt nicht allzu viel Vorbereitung, und am Abend kann jeder selbst nach Herzenslust zulangen.

Man kann auch einige Salate vorbereiten und aufstellen, zum Beispiel:

- Nudelsalat,
- Reissalat,
- Geflügelsalat.

Wer nicht nur Bier oder Wein servieren möchte, kann auch eine Bowle zubereiten, ebenfalls zur Selbstbedienung für die Gäste.

Vorschläge:
Will es jemand sehr gehaltvoll, versuche er es mit dem

Artillerie-Punsch
1 l Whisky
1 l starker schwarzer Tee
1/2 l Jamaika-Rum
1/4 l Gin
1/4 l Cognac
1 cl Benedictine
1/2 frisch gepresster Orangensaft
1/4 l Zitronensaft
– zusammengießen,
– drei Stunden stehen lassen,
– dann über einen Eisblock in die Bowlenschüssel gießen.

Dabei stellt sich natürlich die Frage, ob man mit solchen Alkohol-Kalibern aufwarten soll. Am Polterabend suchen die Leute eher Getränke, die sie nicht gleich außer Gefecht setzen. Vielleicht wäre eine Fruchtbowle das Richtige?

Fruchtbowle
Je nach Saison sechs frische reife geschälte Pfirsiche oder sechs bis acht reife Aprikosen oder eine frische Ananas in eine Glasschale legen,
mit 3/4 Pfund Zucker bestreuen,
darüber eine halbe Flasche Rheinwein gießen,
zudecken und über Nacht ziehen lassen,
dann die Mischung über einen Eisblock in die Bowlenschale gießen und mit Rheinwein oder einem anderen trockenen Weißwein auf insgesamt fünf Liter aufgießen.
Wer möchte, kann noch mit Mineralwasser verdünnen.

Die Gäste werden solch ein süffiges Getränk zu schätzen wissen.

Was gibt es noch zu berücksichtigen?

- Sorgen Sie für Musik!
  Bitten Sie einen guten Freund, dass er sich darum kümmert. Denn, lassen Sie es sich gesagt sein, Sie werden keine Zeit dafür finden.
- Sie widmen sich ausschließlich Ihren Gästen. Zwangsläufig werden Sie kaum zum Sitzen kommen, denn immer neue Gäste wollen mit Ihnen poltern. In der Zeit, in der Sie nicht mit dem Zusammenkehren und Wegräumen von Geschirr beschäftigt sind, sollten Sie sich ohne Ausübung irgendwel-

cher Pflichten einfach unterhalten. Der Polterabend stellt immerhin den Abschluss der Junggesellenzeit dar; und die Gäste sind gekommen, um dieses Ereignis zünftig mit Ihnen zu feiern.

- Besitzen Sie einen Garten, so gibt es nichts Angenehmeres, als den Polterabend ins Freie zu verlegen. Man sollte nur Acht geben, dass das zerschlagene Geschirr nicht im Rasen landet.Denn dort kann man mit Zusammenkehren nichts erreichen; das bedeutet für den nächsten Tag mühsames Aufklauben.
- Eine hübsche Idee ist es, sich für die Feier ein Zelt aufstellen zu lassen. Es gibt in jeder Stadt einen Zeltverleih, von dem man Festzelte unterschiedlicher Größe ausleihen kann.

Noch einige Tipps:

- Hat man das zerschlagene Geschirr zusammengekehrt, dann sollte man es so wegsperren, dass es niemand findet, sonst landet es noch ein zweites Mal vor der Haustür.
- Feiert man den Polterabend in der Wohnung, so sollte man die Schlüssel zum Schlafzimmer sicherstellen. Allzu gerne wird diese Tür versperrt und der Schlüssel versteckt.
- Weiterhin empfiehlt es sich, vor dem Zu-Bett-Gehen nachzusehen, ob noch alle Matratzen vorhanden sind und ob keine Wasserschüssel im Bett versteckt ist oder ähnliche Scherze den lieben Freunden eingefallen sind!

Man kann beim Polterabend keinerlei Programmpunkte angeben. Alles muss daher sozusagen »selbststeuernd« arrangiert sein: Immer daran denken, es muss alles laufen, auch wenn die Gastgeber nicht anwesend sind.
Und dann viel Spaß und viel Arbeit beim Kehren!

IV. Die letzten Vorbereitungen

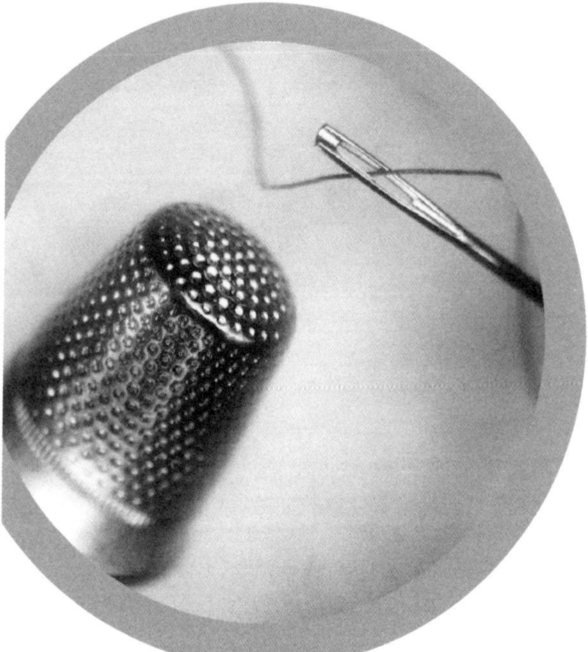

Allgemeine Hinweise

Es tritt nun eine Phase ein, in der man sich sozusagen im Vorhof des Ereignisses befindet. Jetzt ist es eigentlich zu spät, noch viel zu ändern oder neu zu konzipieren. Das Fest muss seinen Gang nehmen; der fahrende Zug ist nicht mehr aufzuhalten.
Und dennoch wird man gerade zu diesem Zeitpunkt feststellen, dass es richtig ist, die Planung nochmals im Detail zu überprüfen. Daraus ergibt sich dann der konkrete Einsatzplan.
In ihm werden alle wichtigen Einzelheiten formuliert.

Die Zeit- und Personalplanung

Der Zeitablauf und der Personaleinsatz müssen nun festgelegt werden.
Man kennt mittlerweile die Zugverbindungen der auswärtigen Gäste. Also überprüft man nochmals die Abhängigkeiten:

- Wann kommen sie am Bahnhof an?
- Wer holt sie dort ab?
- Sind alle rechtzeitig zur kirchlichen Trauung anwesend?
- Mit dem Pfarrer hat man festgelegt, wie lange die kirchliche Trauung dauern wird.

- Man weiß, wie viel Zeit der Weg von der Kirche zum Restaurant in Anspruch nimmt.
- Wie viele Autos stehen für den Transport zur Verfügung?
- Wie viele Gäste haben keine eigene Fahrgelegenheit?
- Wer hat noch Platz in seinem Wagen?
- Wer bildet die Wagenkolonne? Eine Kennzeichnung bietet sich an – vielleicht ein Herz als Symbol.
- Man hat mit dem Verantwortlichen im Restaurant genau die Speisenfolge überprüft.
- Es ist vorbereitet, dass beim Einmarsch ins Restaurant der Hochzeitsmarsch ertönen wird, die Stereoanlage richtig installiert ist beziehungsweise der Klavierspieler über die genauen Anweisungen verfügt.
- Man hat dafür gesorgt, dass die Dekoration aufgebaut wurde. Die Blumen sind bestellt.
- Wer holt sie am frühen Morgen in der Gärtnerei ab?
- Wer hilft bei der Dekoration im Restaurant?
- Wer überprüft die Tischordnung?
- Wie lange dauert das Essen?
- Was ist hinterher geplant?
  Soll ein Spaziergang unternommen werden? Wenn ja, wohin?
- Eine kleine Rede des Bräutigams ist fällig. Hat man sie bereits vorbereitet? Was will man sagen – und wann?
- Die Gäste kommen zum Kaffeetrinken zurück. Wir hatten von ihnen Kuchen erbeten. Wer hat ihn eingesammelt, wer hat das Kuchenbüfett aufgebaut?
- Nach dem Kaffeetrinken ist Zeit für Darbietungen. Wer hat sich gemeldet?
  Wer soll den Reigen eröffnen? Wer organisiert dies?
- Immer wieder stellt sich die Frage an die Fotografen: Wer fotografiert? Was soll fotografiert werden?
  Sind genaue Anweisungen gegeben worden?

- Schließlich kommt das Abendessen an die Reihe. Wer kümmert sich um das Büfett?
  Wer gibt den Kellnern Anweisungen, wie es aufgebaut werden muss?
- Wissen die Gäste, wann es Abendessen gibt? Nicht, dass einer noch einen längeren Spaziergang unternimmt und viel zu spät zurückkommt.
- Nach dem Abendessen beginnt der zwanglose Teil. Hat man für Musik gesorgt?
- Ist eine Band oder ein Alleinunterhalter zur Stelle, oder hält sich ein Discjockey – mit passenden CDs? – bereit? Wer stellt die Anlage? Sind Verstärker und Lautsprecher ausreichend dimensioniert? Ist die Stromversorgung gesichert?
- Wann ist voraussichtlich Schluss? Wie lange arbeitet die Bedienung? Wie kann man den Schluss herbeiführen? Wer läutet den Zapfenstreich ein?

Diese Fragen sind nur einige Beispiele, sollen auf die Systematik der Tagesordnung hindeuten. Daraus entwickelt sich der *Einsatzplan,* der in Abhängigkeit von Zeit und Verantwortlichen den Ablauf minutiös darstellt. Am besten kopiert man diesen Plan und teilt ihn an alle aus, die eine Aufgabe übernehmen sollen. Als Bräutigam oder Braut hat man dieses Papier dann natürlich auch bei sich – als Spickzettel sozusagen.

So könnte der Einsatzplan aussehen!

Ablauf	Tätigkeiten/Stichwort	wann	wer	Bemerkungen
	Friseur Braut	8.00	Braut	Termin bereits vereinbart
Empfang der Trauzeugen		9.00	Brautpaar	in der Wohnung; Eltern sind bereits anwesend
Sektfrühstück	Getränke bereitstellen	8.45	Vater Georg	stehen im Keller bereit
	Happen bereitstellen	8.45	Mutter Marga	im Kühlschrank; wurden gestern Abend vorbereitet
	Blumenschmuck: Blumenschmuck von der Gärtnerei abholen	8.00	Vater Fritz	Autoschmuck montieren
	Blumen ins Restaurant bringen	8.30	Vater Fritz	
Fahrt zum Standesamt	Auto bereitstellen fahren	9.20	Vater Fritz	Trauzeugen fahren mit dem eigenen Auto
Standesamtliche Trauung		9.30	Brautpaar, Trauzeugen	
	Ankunft der Gäste	ab 9.00	Tante Lina	
	Geschenke in Empfang nchmen			Namen aufschreiben!
	Kuchen in Empfang nehmen			in den Keller stellen
	Abholung am Bahnhof	9.15	Georg	
Kirchliche Trauung	künstlerische Darbietungen	10.00	Franz und Jutta	
	Videograf bereit		Peter	bringt eigene Kamera mit
	Fotograf bereit		Klaus	bringt eigene Kamera mit
	Gratulationen		Brautpaar	
	Zusammenstellen der Fahrzeugkolonne, Verteilen der Aufkleber		Georg	
Fahrt zum Restaurant	Brautwagen bereitstellen	11.00	Vater Georg	

Ablauf	Tätigkeiten/Stichwort	wann	wer	Bemerkungen
Ankunft im Restaurant	Stereoanlage installiert	11.30	Peter	bereits gestern Abend
	Hochzeitsmarsch aufgelegt		Peter	
	Überprüfung der Dekoration/Blumenschmuck	11.00	Ferdinand/Anni	Vorarbeit erledigt das Restaurantpersonal
	Tischordnung/Tischkarten aufstellen		Ferdinand/Anni	Tischkarten und Liste übergeben
Mittagessen	Redeliste aufgestellt Getränkewechsel	12.00	Peter Vater Georg	
Begrüßungsrede		13.00	Bräutigam	gibt Spielregeln für den Hochzeitseinkauf bekannt
Spaziergang	Hochzeitseinkauf	14.00		wurde mit dem Laden abgesprochen
Kaffeetafel	Aufbau des Kaffeebüfetts in der Wohnung	16.00	Ferdinand/Anni	bereiten ab 14.00 in der Wohnung das Kaffeebüfett vor
Abendessen	Aufbau des Senfbüfetts im Restaurant	18.00	Franz/Jutta	bereiten ab 17.00 im Restaurant das Senfbüfett vor
Offener Abend	Diskjockey	20.00	Leonhard	CDs wurden gestern Abend bereitgelegt
	Moderation der Darbietungen		Peter	

V. Der Polterabend (Fallbericht)

Wir heirateten im Mai – und hofften auf einen günstig gesinnten Wettergott, denn wir wollten im Garten feiern.
Wir stellten für den Polterabend im Garten einige Tische auf, wo Getränke und Essen (Fassbier, Käse zum Abschneiden, Würste mit Senf, Meerrettich, Peperoni und andere Beilagen) ihren Platz fanden.
An die Garagentür klebten wir ein großes Poster, auf dem wir darum baten, nur auf dem Garagenvorplatz zu poltern – wir hatten Angst, am nächsten Morgen die Scherben aus den Blumenrabatten klauben zu müssen.

ACHTUNG !

BITTE NUR VOR DER GARAGE ODER AUF DER STRASSE POLTERN. ES WIRD UNS EIN GANZ BESONDERES VERGNÜGEN SEIN, GERADE DORT ZUSAMMENZUKEHREN.

TANZEN KANN MAN AUF DER TERRASSE. BITTE KRÄFTIG AUSNÜTZEN. ICH WAR 7 ABENDE DAMIT BESCHÄFTIGT, DIE MUSIK ZUSAMMENZUSTELLEN.

NEUGIERIGE KÖNNEN AUCH UNSERE WOHNUNG BESICHTIGEN. WIR STEHEN ZU EINER KOSTENLOSEN FÜHRUNG GERNE BEREIT.

BITTE BEACHTEN !

SITZEN KANN MAN DORT WO STÜHLE SIND ABER MAN KANN SICH NATÜRLICH AUCH INS GRAS SETZEN.

ZU ESSEN UND ZU TRINKEN GIBT'S AN DER THEKE. NICHT SCHÜCHTERN SEIN UND EINFACH ZUGREIFEN. OZAPFT HAMMA SCHO !

BITTE VERGESST NICHT, EUCH IM GÄSTEBUCH EINZUTRAGEN.

WIR WÜNSCHEN EUCH VIEL SPASS !
SUSANNE + WERNER

So weit unsere Vorbereitungen – dann kamen auch schon die Gäste. Wir konnten uns nicht viel um sie kümmern, denn wir waren voll damit beschäftigt, Scherben vom Garagenvorplatz zu kehren.
Freunde schenkten uns ein lebendes Ferkel, das im Garten herumtobte. Und wir benötigten eine ganze Weile, um es wieder einzufangen.
Die Gäste blieben jedenfalls sich selbst überlassen und unterhielten sich, stehend – Stehparty also. Wir kehrten, schlossen die Scherben weg; Freunde drangen durch ein Fenster ein und bemächtigten sich der Scherben. Es begann alles von vorn.
Während wir schwitzten, wurde es den Gästen doch etwas zu kühl; und wir verzogen uns in unsere Wohnung, nunmehr vollkommen ungeplant. Wir hätten es nie gewagt, all die Menschen in unsere Wohnung einzuladen, aber nun waren sie eben da, saßen auf dem Fußboden, auf allen Stühlen mindestens zu zweit, unterhielten sich, tranken Bier, ganz ohne Musik oder irgendwelche Darbietungen.
Und sie fühlten sich alle ganz wohl.
Die Feier dauerte, wie wir meinten, bis spät in die Nacht – wir fühlten uns jedenfalls vollkommen zerschlagen und erschöpft. In Wirklichkeit hatten unsere Gäste Einsehen und verschwanden kurz nach Mitternacht.
Ein Teil von ihnen kehrte noch in eine Bar ein und amüsierte sich – auf unsere Kosten. Sie hatten unsere Schlafzimmertür abgeschlossen und den Schlüssel versteckt. Sie wussten jedoch nicht, dass wir uns vorzeitig den Zweitschlüssel zurechtgelegt hatten und ruhig vor uns hindämmerten.

VI. Die Hochzeitsfeier (Fallbericht)

Wir hatten vorher genau geplant, hielten uns an die in diesem Buch genannten Ratschläge und fühlten uns so für diesen Tag bestens gerüstet.
Wir wollten das Fest in allen Phasen genießen, so viel wie möglich dokumentieren, um eine bleibende Erinnerung zu erhalten, und uns selbst bei allem so wenig Arbeit wie möglich machen.
Um 8.00 Uhr hatte meine Frau einen Termin beim Friseur. Er konnte in aller Ruhe letzte Hand anlegen.
Gegen 9.00 Uhr kamen die Trauzeugen sehr pünktlich an. Zusammen mit den Elternpaaren nahmen wir ein kleines Sektfrühstück ein. Da es im kleinsten Kreis stattfand, konnten wir es auch fast improvisiert abhalten. »Improvisation« klingt dabei natürlich etwas untertrieben. Wir hatten die Happen bereits am Tag vorher vorbereitet. Sie lagen über Nacht, in Alufolie gehüllt, im Kühlschrank. Wir unterhielten uns sehr angeregt und stimmten uns damit auf den Tag ein.
Um 9.45 Uhr begaben wir uns mit den Trauzeugen zum Standesamt.
Um 10.00 Uhr fand die standesamtliche Trauung statt. Da wir auf einem Dorf wohnen, wurden wir vom Bürgermeister unserer 2000-Seelen-Gemeinde höchstpersönlich getraut. Ein Freund sollte während der standesamtlichen Trauung fotografieren, was er auch sehr ausgiebig machte. Hinterher stellte sich

jedoch heraus, dass er leider keinen Film eingelegt hatte. Selbst bei der besten Vorbereitung können solche Pannen passieren.
Schräg gegenüber dem Standesamt liegt die Kirche. Zu Fuß begaben wir uns hinüber zur Kirche, wo sich die Gäste und die Gemeinde bereits versammelt hatten.
Um 10.45 Uhr fand dann die kirchliche Trauung statt.

Wir hatten Freunde um einen künstlerischen Rahmen gebeten. Es wurde unter anderem ein Satz aus dem Doppelkonzert von J. S. Bach vorgetragen.
Auf unseren Wunsch hin wurde die Trauung mit dem Abendmahl abgeschlossen.

Nach einer guten Stunde endete die kirchliche Trauung. Wir trafen uns vor der Kirche, wo wir die Glückwünsche empfingen. Unterdessen verteilte eine Freundin an alle Autofahrer, die am Fest teilnehmen sollten, große rote Herzen aus PVC-Folie, die auf die Autos der Gäste geklebt wurden, zum Zeichen der Zusammengehörigkeit. Es formierte sich unterdessen ein Konvoi, in dem wir dann zum Restaurant ins Nachbardorf fuhren.

Um 12.00 Uhr Ankunft im Restaurant. Wir wurden mit einem Willkommenstrunk erwartet. Es fand das »Schlüsselgewaltenspiel« (siehe »Hausschlüssel ergreifen« Seite 170) statt. Natürlich ließ ich die Braut gewinnen.
Der Hochzeitsmarsch sollte im Restaurant gespielt werden. Nach den ersten Takten gab jedoch das installierte Tonbandgerät seinen Geist auf.
Die Gäste suchten sich ihren Sitzplatz. Wir hatten die Tischkarten mit den Kinderbildern gewählt, und es dauerte einige Zeit, bis alle ihre Plätze fanden.
Um 12.30 Uhr konnte dann das Mittagessen aufgetragen werden. Vor dem Dessert wurden einige Tischreden eingestreut; die Gäste waren bereits gesättigt und konnten die Ansprachen wenigstens mit vollem Magen über sich ergehen lassen.
Nach Abschluss des Mittagessens bedankte ich mich bei den Gästen und gab gleichzeitig den Verlauf des Nachmittags und Abends bekannt. Um dies etwas lockerer zu gestalten, erläuterte ich das Programm zum Teil in Form eines Lückenvortrages.

Um 14.30 Uhr war das Mittagessen beendet, und die Hochzeitsgäste begaben sich zum Hochzeitseinkauf (siehe Seite 172) in einen kleinen Supermarkt in unserem Dorf. Wir konnten diese Idee als einen großen Erfolg verbuchen. Alle Gäste erwiesen sich als sehr einfallsreich und waren dankbar, dass sie sich an dem Fest in dieser Art und Weise beteiligen konnten.
Um 16.00 Uhr wurde zu Hause Kaffee getrunken. Einige Freunde waren vorausgefahren, hatten Kaffee und Kuchen vorbereitet, die Gäste bedienten sich selbst. Anschließend konnten die Gäste im Garten spazieren gehen, hatten Freizeit, um sich beliebig zu gruppieren und zu unterhalten.
Um 17.45 Uhr wurde zur Rückfahrt zu dem Restaurant aufgerufen. – Einige Freunde waren wiederum vorausgefahren und hatten das Senfbüfett aufgebaut.
Um 18.00 Uhr kamen die Gäste im Restaurant an und konnten sich auf das Büfett stürzen: Selbstbedienung.
Ab 19.30 Uhr begann dann der offene Abend mit Tanz und Darbietungen. Wir durften uns an diversen künstlerischen und humorvollen Einlagen erfreuen: an Gedichten, Sketchen, Musik. Es wurde ein sehr abwechslungsreicher Abend, so dass es nicht einmal auffiel, dass das Tonbandgerät nicht funktionierte und somit der Tanzabend ins Wasser fiel. Es fanden dafür umso intensivere Gespräche statt.
Es war uns gelungen, die Gäste so zusammenzusetzen, dass sich alle gut unterhalten konnten.
Gegen Mitternacht verabschiedeten wir uns, wobei die Gäste noch ruhig hätten weiterfeiern können. Aber es wurde ein allgemeiner Aufbruch daraus, und das Fest löste sich auf.

VII. Unterhaltungsprogramm

Vorschläge und Tipps für Gäste und Hochzeitspaar

An dieser Stelle sollen einige Vorschläge für Darbietungen gemacht werden – durchführbar sowohl für das Hochzeitspaar selbst als auch für die Gäste.
Natürlich muss geprüft werden, ob die Vorschläge zum Charakter der geplanten Feier passen.
Es gehört dazu, dass das Brautpaar von den Ideen auch überzeugt ist und Freude daran hat, die Darbietungen zu moderieren.

Bräuche und Sitten

Das Umfeld der Eheschließung ist seit alters her geprägt von Sitten und Bräuchen, die aus der Tradition abgeleitet und teilweise vom Aberglauben bestimmt sind. Heute misst man ihnen im Allgemeinen keine tiefere Bedeutung mehr zu. Dennoch sollte man sie fortbestehen lassen, dienen sie doch dem Spaß und lockern die Feierlichkeiten auf.

1. Seil spannen

Vor der Kirche haben Freunde des Bräutigams ein Seil gespannt, um so dem Hochzeitspaar den Weg in das gemeinsame Leben zu verweigern. Erst muss es Tribut zahlen, durch Geld oder ein Fässchen Bier. Der Bräutigam kauft sich damit von den Jugendsünden aus der Vergangenheit frei. Fällt dann schließlich das Seil, kann der gemeinsame Lebensweg beschritten werden.

2. Hausschlüssel ergreifen

Kommt das Hochzeitspaar in der Gaststätte an, so werden ihm vom Geschäftsführer zwei Gläser Wein serviert. Daneben liegt auf dem Tablett ein Schlüssel. Die beiden greifen zum Glas und trinken es so schnell wie möglich aus. Derjenige, der zuerst ausgetrunken hat, ergreift dann den Schlüssel. Er dokumentiert damit symbolisch, dass er in der beginnenden Ehe die Schlüsselgewalt übernehmen wird.

3. Über die Schwelle tragen

Führt der Bräutigam seine Frau in die neue Wohnung, so wird er sie über die Schwelle tragen, um die bösen Geister zu täuschen. Die sollen den Spuren der Braut in die neue Wohnung nicht folgen können.
Ob sich die Geister unserer Vorfahren mit solchen Tricks überlisten ließen, sei dahingestellt.

4. Fruchtbarkeit

Viele Völker kennen Fruchtbarkeitsriten. Auch bei der Hochzeitsfeier soll die Fruchtbarkeit des Brautpaares beschworen werden. Dieser Symbolik folgen die Blumenstreukinder, die mit dem Blumenstreuen die Fruchtbarkeitsgöttin anlocken

wollen. Auch das Werfen von Getreide- und Reiskörnern meint Ähnliches – eine Sitte, die im asiatischen Raum und in den USA weiter verbreitet ist.

5. Schleier abgeben

Zu fortgeschrittener Stunde der Hochzeitsfeier löst die Braut ihren Schleier. Sie bekommt dann die Augen verbunden, und alle nicht verheirateten Mädchen tanzen um sie herum. Die Braut versucht, eine von ihnen zu ergreifen und ihr den Schleier aufzusetzen. Im Aberglauben bedeutet dies, dass das betreffende Mädchen die nächste Braut sein wird.
Ein beliebter Brauch ist auch, dass die unverheirateten Frauen sich hinter der Braut aufstellen und die Braut ihren Strauß hinter sich wirft. Wer ihn auffängt, wird die nächste Braut sein.

6. Brautentführung

Das Entführen einer Braut war in früheren Zeiten bitterer Ernst. In Gesellschaften, die von Männerüberschuss gezeichnet waren, wurde häufig die Braut schon bei der Hochzeitszeremonie entführt. Wenn der Bräutigam auf seine Braut nicht Acht geben konnte, war er auch nicht wert, sie zu besitzen. Hier sei auch verwiesen auf die bereits beschriebene Funktion des Brautführers, häufig ein Freund des Hauses, der die Aufgabe übernahm, besonders während der Feierlichkeiten die Braut zu beschützen. Heute ist das Entführen der Braut nur noch ein Spaß, amüsanter Anlass, vom Bräutigam ein Lösegeld zu kassieren.

Es sei an dieser Stelle aber auch darauf hingewiesen, dass gerade der Brautraub den festlichen Ablauf sehr lähmen kann, da während der Feierlichkeiten Braut, Bräutigam und eine Vielzahl von jungen Leuten das Fest verlassen und teilweise stundenlang nicht mehr auftauchen.

7. Hochzeitseinkauf

Ein in unzugänglichen Bergdörfern der Schweiz üblicher Brauch war das Schenken von Haushaltsgegenständen, um damit das Brautpaar mit allen notwendigen Haushaltsartikeln auszustatten. Diese Utensilien wurden mit einem besonderen Spruch, Wunsch, Kommentar dem Brautpaar übergeben.

Dies wird heute häufig in einer etwas abgewandelten Form nachempfunden. So fährt die ganze Hochzeitsgesellschaft zu einem Laden in der Umgebung, in dem jeder eine Kleinigkeit einkauft (da es nicht auf den Geldwert ankommt, ist dieser auf beispielsweise drei oder fünf Euro zu begrenzen), die er für das Hochzeitspaar als unbedingt erforderlich ansieht. Dieser Gegenstand wird dem Brautpaar dann im Beisein der gesamten Hochzeitsgäste mit besonderer Erläuterung übergeben. Einige Beispiele: Da wird eine Rolle Toilettenpapier herbeigeschafft

mit der Bemerkung, es dort zu gebrauchen, wo es am nötigsten sei. Oder ein Radiergummi mit dem Kommentar, dass damit die Schulden ausradiert werden können. Es wird ein Glas Gurken überreicht – sauer mache lustig.
Gerade dieser Brauch ist bestens geeignet, eine Hochzeitsgesellschaft in Bewegung zu bringen und alle zu beteiligen. Man wird sich wundern, wie viele gute und erheiternde Ideen dabei zutage gefördert werden.

8. Pfennige für die Brautschuhe

Früher bezahlte die Braut ihre Brautschuhe mit den von ihr gesammelten Pfennigen. So sollte die Sparsamkeit der Braut dokumentiert werden. Ob heute die Schuhgeschäfte noch bereit sind, mehrere tausend Cent anzunehmen, dürfte sehr fraglich sein.

9. Brautschuh versteigern

Ein anderer Brauch ist es, einen Brautschuh zu versteigern. Alle können mitsteigern. Einer geht mit einem Hut herum, und jeder Bieter zahlt die Differenz zum vorher gebotenen Betrag in den Hut. Aber natürlich muss der Bräutigam zusehen, dass er den Schuh ersteigert, damit seine Braut wieder ein komplettes Paar Schuhe hat. Außerdem bringt ihm das ein hübsches Sümmchen ein.

Musik

i

Eine Hochzeit ohne Musik ist eigentlich kaum denkbar. Überlegen wir uns, wo Musik überall eingesetzt wird.
Wir beginnen in der *Kirche.* Häufig wird der Gottesdienst von Gesangsdarbietungen oder dem Vortrag einer Streichergruppe umrahmt. Man muss sich rechtzeitig im Bekanntenkreis umse-

hen, ob musikalische Talente verborgen sind. Gerne wird man Ihnen dann den Hochzeitswunsch erfüllen.
Hat man im Bekanntenkreis keine Hobbykünstler, kann man natürlich auch Profis engagieren. Das wird allerdings kostspielig. Liebt man Chormusik, so lässt sicherlich der Kirchenchor mit sich reden. In den meisten evangelischen Gemeinden existiert auch ein Posaunenchor. Vielleicht kann man dort anfragen. Der Einsatz der Orgel ist selbstverständlich. Setzt man sich frühzeitig mit dem Organisten in Verbindung, kann er auch Sonderwünsche erfüllen. Das bei Hochzeiten sehr beliebte »Ave Maria« sollte man nur von einer professionellen Sängerin vortragen lassen.
Für alle künstlerischen Darbietungen gilt, dass sie rechtzeitig bestellt werden müssen. Schließlich soll sich der Künstler auch vorbereiten können. Ein Monat vor der Hochzeit ist der äußerste Termin.
Wird der Organist nur für die normale Gottesdienstbegleitung engagiert, erhält er etwa 50 Euro für die Gestaltung. Bei Sonderwünschen muss man natürlich tiefer in die Tasche greifen.
Den *Nachmittag* kann man gut ohne Musik verbringen, da geht man spazieren, unterhält sich, findet genügend Abwechslung. Aber *abends,* wenn getanzt werden soll, benötigt man in jedem Fall Musik. Dafür bieten sich grundsätzlich zwei Möglichkeiten an: Entweder man verlässt sich auf den CD-Spieler, oder man engagiert eine Band beziehungsweise einen Alleinunterhalter.
Im ersteren Fall muss man darauf achten, dass eine gut sortierte CD-Sammlung vorliegt und dass eine hinreichend gute Anlage installiert ist, die den Raum klanglich füllen kann. Weiterhin ist es notwendig, rechtzeitig vorher einen der Gäste zu bitten, den Diskjockey zu geben. Er sollte, am besten in Abstimmung mit dem Hochzeitspaar, eine Anzahl von Stücken auswählen, die auf jeden Fall gespielt werden sollen, und sich die CDs entsprechend zurechtlegen.

Dabei ist zu beachten, dass der Erfolg eines Abends stark von der Art der musikalischen Darbietung beeinflusst wird. Eine Band mit ihrer Life-Musik kann auf die Stimmung natürlich besser reagieren als ein Diskjockey. Aber eine Musikergruppe ist natürlich auch teurer. Für vier Stunden Spielzeit liegen die Kosten bei 150 bis 250 Euro je Musiker.
Überdies sollte man bei der Wahl der Band auch etwas auf den Geschmack der Gäste achten. Sind zum Beispiel sehr viele ältere Personen eingeladen, so wäre es wohl unangebracht, eine Rockband zu engagieren. Man braucht dann eher eine vielseitige Gruppe, die neben aktueller Popmusik und »Oldies« auch Wiener Walzer, den »Ententanz« und »Evergreens« spielen – und am besten auch singen – kann.
Und selbstverständlich wäre es auch, dass man sich eine Band, ehe man sie engagiert, einmal anhört. Denn nur die persönliche Erfahrung bringt Gewissheit über Können und Sound.

Spiele

Die Frage, ob man auf einer Hochzeit zusätzlich Spiele veranstalten kann, sollte man eigentlich zunächst einmal mit »nein« beantworten. Die Hochzeitsfeier ist von einem zu festlichen Charakter geprägt, als dass man sie mit Gesellschaftsspielen auflockern sollte. Eine Ausnahme hiervon bilden sicherlich Tanzspiele.
Dennoch sei das Gesagte auch gleich relativiert. Bemerkt man, dass sich auf einer Hochzeitsfeier die große Langeweile breit macht, dann ist es durchaus angebracht, es mit Spielen zu versuchen, vielleicht eingedenk des Mottos: »Wenn nichts mehr zu verderben ist, kann man es auch noch mit Spielen versuchen.« Es soll bei Hochzeitsfeiern schon vorgekommen sein,

dass sich eine Gruppe von Personen an einen gesonderten Tisch absetzte, um eine Runde Karten zu spielen, oder von der Übertragung eines Fußballspiels im Nebenzimmer magisch angezogen wurde. Dann wird es höchste Zeit, Spiele anzubieten.

Also unser Rat: Für den Notfall Spiele vorbereiten; wenn man sie nicht benötigt, muss man sie nicht einsetzen.
Für die meisten Spiele benötigt man Accessoires. Wir wählen Hilfsmittel, die es in jedem Restaurant gibt: beispielsweise Bierdeckel!

Hier einige Vorschläge für amüsante Spiele mit Bierdeckeln:

Deckelrollen

Die Spieler sitzen im Kreis im Abstand von zwei Metern. Sie rollen sich in beliebiger Reihenfolge einen Bierdeckel zu. Der angespielte Spieler muss den Bierdeckel fangen, ohne dass er umfällt. Gelingt es ihm nicht, muss er ein Pfand bezahlen.

Starrer Gang

Zwangsläufig wird der Gang sehr starr, wenn die Deckel folgendermaßen getragen werden müssen: auf den flachen Händen und Unterarmen je zwei, oder den ganzen Arm mit Deckeln ausgelegt, oder je ein ganzer Stoß Deckel, auf dem Kopf balanciert ... Es gibt viele Varianten.
Dieses Spiel kann man als Zweikampf oder als Stafette gestalten.

Variante für den Zweikampf

25 Deckel werden über eine bestimmte Strecke getragen. Dabei müssen sie alle mit dem Körper in Berührung bleiben. Gleichzeitig darf kein Deckel auf einem anderen liegen, sondern alle nur nebeneinander.

Stafettenspiele

kann man nach Belieben variieren; hier einige Varianten:
– verschiedene Distanz
– unterwegs über einen Stuhl steigen
– ein rohes Ei zusätzlich balancieren
– ...
Den Ausschmückungen sind keine Grenzen gesetzt.

Lochstafette

Jeder Bierdeckel wird gelocht, so dass man eine Schnur hindurchziehen kann. Jede Gruppe erhält eine zehn Meter lange Schnur, die der erste und der letzte Spieler halten. Der erste fädelt mit der Hand nach und nach eine bestimmte Anzahl von gelochten Bierdeckeln auf, die Zwischenspieler müssen die Bierdeckel ans andere Ende der Schnur befördern, ohne dabei die Hände zu benutzen. Nur der Endspieler darf die Bierdeckel mit der Hand aufnehmen. Welche Gruppe nach einer gewissen Zeit die meisten Deckel aufgefädelt hat, ist Sieger.

Weitergabe von Deckeln

Man locht die Deckel zweimal. Jeder Spieler bekommt einen kleinen Stab in die Hand, und der Deckel wird innerhalb einer Gruppe von Stab zu Stab weitergegeben. Dabei hält jeder Spieler einen Stab in der Hand und nimmt den Deckel auf, indem er seinen Stab in das zweite, leere Loch einführt. Nach einer gewissen Spieldauer zählt die Zahl der beförderten Deckel.

Deckelhalter

Jeder Spieler hat acht Bierdeckel vor sich. Auf »Los« versucht jeder der Spieler, die Bierdeckel zwischen seine Finger zu klemmen, ohne mit der anderen Hand nachzuhelfen. Wer ist als Erster fertig?
Noch schwieriger wird es, wenn die Deckel auf dem Boden liegen und keine Tischkante zur Verfügung steht.

Deckelraten

Eine andere Idee, für jene, die sich nicht gerne körperlich aktiv an Spielen beteiligen, ist das »Deckelschätzen«. Ein Unparteiischer hat einen großen Stoß Bierdeckel vor sich, deren Anzahl er abwechselnd von zwei Gruppen schätzen lässt. Dabei variiert er ständig die Anzahl der Deckel. Wer kann am besten das Volumen schätzen?

Erfinden Sie ruhig weitere »Deckeleien«. Man kann sie auch für andere Gesellschaften gut gebrauchen.
Ein anderes sehr beliebtes und leicht zu beschaffendes Accessoire ist die Zeitung. Auch mit ihr kann man viele Spiele veranstalten.

Einige Ideen für Zeitungsspiele:

- Ein Loch in die Zeitung reißen, den Fuß hindurchstecken und laufen.
- Eine Riesenzeitung mit Tesafilm zusammenkleben. Wer hat zuerst die größte Zeitung?
- Porträts reißen, wie im Scherenschnitt. Schnellkünstler an die Front!
- Aus einer Zeitung falten: alle möglichen Blumen, Gebäude, Hütten, Körper, Flugzeuge.
- Raten: Der eine reißt eine Figur heraus, der andere muss sie erraten.

- Zeitungsverkäufer spielen: Wer hat die besten Argumente für den Zeitungsverkauf?
- Streifen reißen. Wer reißt den längsten Streifen aus einer normalen Zeitungsseite?
- ...

Ein bisschen Nachdenken, dann fallen Ihnen sicher noch viele Varianten ein!
Wer noch weitere Spielideen sucht, könnte hier surfen:
http://www.hochzeitsseite.de/index.shtml?http://www.hochzeitsseite.de/hochzeitsspiele/

Tänze und Tanzspiele

Will man seinen Gästen etwas Besonderes bieten, wählt man zur Eröffnung der festlichen Hochzeitstanzveranstaltung als Tanz eine *Polonaise.* Sie eignet sich hervorragend, um den festlichen Charakter zu unterstreichen. Man sollte dabei jedoch Folgendes beachten:

- Man benötigt einen ausreichend großen Raum. Der Raum darf die Tanzfiguren nicht einengen.
- Mindestens ein Paar unter den Gästen muss die Polonaise beherrschen. Dieses Paar übernimmt die Führung, die anderen folgen.
- Man benötigt einen Conferencier, der die notwendigen Kommandos gibt und die Polonaise vorher erklärt. Je nach Publikum können die Kommandos in Französisch oder in Deutsch gegeben werden.

Normalerweise wird die Tanzveranstaltung einer Hochzeitsfeier mit einem Wiener Walzer eröffnet. Das Hochzeitspaar tanzt dabei einen ersten Solotanz. Der Wiener Walzer ist sicherlich als

der König der Tänze wie kein anderer für die Hochzeit geeignet. Nicht wenige Brautpaare nehmen dafür vorher Unterricht.

Für die einzelnen Tanzrunden bedarf es der geeigneten Musik. Es wurde schon darüber gesprochen: Entweder spielt eine Band, oder man behilft sich mit CDs. Im letzteren Fall sollte sich einer der Gäste als Diskjockey zur Verfügung stellen und die Verantwortung für die Musikauswahl übernehmen. Es wirkt nicht gerade anregend, wenn eine halbe Stunde lang Wiener Walzer ertönen und anschließend pausenlos Beat-, Disko-, Hip-Hop-, Techno- oder Rockrhythmen. Viel interessanter wird es, wenn Abwechslung herrscht.
Man beginnt vielleicht mit einer konventionellen Runde, bestehend aus Foxtrott, Wiener Walzer und Langsamem Walzer. Daran schließt sich eine lateinamerikanische Runde mit Rumba, Samba, Bolero und Cha-Cha-Cha an. Dann folgt eine Schlager- und Ol-

die-Runde. So wird für alle Ansprüche etwas geboten. Dazwischen kann man Popmusik einstreuen, bei ländlichen Hochzeiten vielleicht auch Polka, Schieber und ähnliche Tänze. Der Klassiker »Marmor Stein und Eisen bricht …« ist immer ein Höhepunkt. *Tanzspiele* darf man guten Gewissens auch bei einer Hochzeitsfeier einsetzen. Aber man muss etwas Fingerspitzengefühl walten lassen, denn schließlich soll die Hochzeit eine festliche Veranstaltung bleiben und nicht durch schweißtreibende Spiele oder akrobatische Darbietungen beeinträchtigt werden.

Auf folgende Tanzspiele kann man zurückgreifen:

Abklatschtour

Die Paare bleiben nicht die ganze Tanzrunde zusammen, sondern mittels Klatschen werden sie durch einen Dritten getrennt. Der übrig gebliebene Partner trennt seinerseits ein anderes Paar durch Abklatschen.

Der wandernde Hut

Zu diesem netten Tanzspiel benötigt man als einziges Requisit einen großen Hut. Während die Paare tanzen, setzt der Spielleiter einem der Herren den Hut auf. Dieser muss versuchen, den Hut so schnell wie möglich an einen anderen abzugeben. Zwischendurch bricht die Musik ab. Das Paar, das zu dieser Zeit Träger des Hutes ist, scheidet aus. Das letzte Paar erhält einen kleinen Preis.

Schneeballtanz

Ein Paar beginnt mit dem Tanz, trennt sich nach einigen Takten, und jeder fordert einen anderen noch sitzenden Partner auf. Diese beiden tanzen, trennen sich dann ebenfalls und fordern erneut auf. Dies setzt sich so lange fort, bis alle Gäste auf der Tanzfläche versammelt sind.

Ballontanz

Die Damen bekommen an ihren Fuß einen Luftballon gebunden. Während des Tanzes hat der Herr zu versuchen, möglichst vielen gegnerischen Damen den Ballon mit dem Fuß zu zerstören – ohne der Dame auf den Fuß oder ans Bein zu treten – und gleichzeitig den Ballon seiner Partnerin vor Angriffen anderer zu schützen. Paare mit geplatztem Ballon müssen ausscheiden. Das letzte Paar erhält eine kleine Belohnung.

Zeitungstanz

Jedes Paar erhält ein Zeitungsblatt. Es darf nur auf diesem Zeitungsblatt getanzt werden. Wer neben das Blatt tritt, wird disqualifiziert und muss ausscheiden. Nach einiger Zeit bricht die Musik ab, und das Zeitungsblatt wird zusammengefaltet, also um die Hälfte verkleinert. Auf dieser halben Fläche geht dann der Tanz weiter. Das Paar, das sich als Letztes auf immer kleineren Zeitungsflächen behaupten kann, hat gewonnen und erhält einen Preis.

Künstlerische und andere Darbietungen

Häufig sind Tischreden die einzigen Darbietungen, die eine Hochzeitsfeier mehr oder weniger auflockern. Die Tischreden sollen zwar nicht unterbewertet werden, aber es sind gerade die kleinen, unvermutet von Gästen vorgetragenen Darbietungen, die dem Brautpaar die Hochzeitsfeier unvergesslich werden lassen.

Der Impuls für diese Darbietungen muss von den Gästen ausgehen. Aber vielleicht kann man sie rechtzeitig darauf hinweisen, dass man sich über solche Darbietungen sehr freuen würde.

Als Formen bieten sich an:

Gedichte

Kann jemand mit Hexametern umgehen, wird daraus ein besonders festliches Gedicht. Aber auch alle anderen Formen von Gedichten, sei es ein Schüttelreim, ein Limerick oder ein ganz einfaches »Reim-dich-oder-ich-fress-dich-Gedicht« ist willkommen.

Hier einige Kostproben:

Gedicht in Hexametern

Im Fürther Krankenhaus kam er zur Welt, der begnadete Knabe,
zum herzinnigsten Stolze dem Vater, zur Freude der Mutter,
als einziger Sohne dem edlen Stamm der … entsprossen.

Schon bald erfreute das wonnige Knäblein; des Geistes Gaben
verlieh'n ihm in reichem Maße die Götter, die Edlen und Weisen.
Früh hatte des Gleichgewichts Spiel er durchschaut: selbständig und aufrecht
marschiert' er einher, und der freundliche Mund erlernte gar bald
die ersten genialen Wörter der Sprache: Der Ruf nach der Mutter,
dem Vater, den unendlich besorgten Eltern, durchtönte das Haus
in sorgfältig geformtem, ergreifendem Tone. Der Locken Pracht
umrahmte das edle Kindergesicht in vielfältiger Fülle.

Nachdem der Knabe die ersten Lehren der Schule erhalten,
erwählte der Vater, der Gute, der Kluge, die beste Schule
des Ortes zur weiteren Bildung des Sohnes. Mit mäßigem Eifer,
doch großem Erfolg und in kürzester Zeit machte sich das Knäblein

das teure deutsche Kulturgut zu Eigen. Noch heute im Vorraum zeugt eine eherne Tafel mit wertvollem Schriftzug vom Wirken des Knaben.

Im Lauf dieser Jahre erwuchs der Knabe, der Edle und Gute, zum großen, gewandten, herrlichen Manne. Mit scharfem Blicke erkannte er in …, dem Elektrogiganten, die Chance des Lebens. Um beneidetes Vorstandsmitglied zu werden, widmet der Kluge zwei Jahre des Lebens der betrieblichen Bildung. In weiser Voraussicht
beginnt er ein Studium nach dieser Bemühung und schließt es gut ab.

In dieser Phase des Lebens erwarb sich der Weise, von den Göttern Geliebte,
nicht nur das Wissen für den Beruf: Nein, ihm war's geschenkt, einen herrlichen Streiter aus edlem Geschlecht zum Freund zu erwerben,
der ihn von da an mit seinen herrlichen Gaben durchs Leben begleitet.
Auch die liebe verständige Braut desselben schenkte ihm bald die große Gabe echter Freundschaft, dem Liebling der Götter.

Beeinflusst vom Freund, der die Ehe anstrebte, begann der Edle, die Welt der bezaubernden, herrlichen Frauen mit größrem Interesse
und mit ständig wachsendem Eifer zu sehn. Bewusst seines Wertes schrak er jedoch sofort zurück, wenn von Ehe die Rede
mit den Fraun, die er sich als Umgang erkoren, zum Urlaub geladen.

Doch die Götter vergaßen den Liebling nicht. In unendlicher Güte

schickten ein schönes herrliches Weib sie ihm über den Weg,
das er in männlicher, kühner Entschlossenheit schnell sich gewann.

Liebestrunken vermag er das liebliche Glück kaum zu fassen,
das ihm hienieden beschieden soll sein.

Wir heben die Hände
und bitten in echter, eindringlicher Andacht um den göttlichen Segen
für das edle, geliebte Brautpaar, um Glück für ihr Leben.

Gedicht mit Endreimen

Grüß euch Gott, ihr lieben Leut,
Hochzeit feiern wolln wir heut:
Hamster und sein Susilein
wollen für immer beisammen sein.

Liebes Brautpaar, Euch zu Ehren
sollt Ihr jetzt ein Liedchen hören.
Nur für Euch ist es erdacht,
dass es Euch viel Freude macht.

Hamster ist ein Super-Mann,
dass man's gut begreifen kann,
dass er mehrere Jahre lang
viele Mädchenherzen machte Bang.

Umsonst, das Warten, war es nicht.
Das zeigt uns, was er heute kriegt:
Ein Mädchen, wie man sich's vorstellt,
als Braut er in den Armen hält.

Als Herzensbrecher recht gewandt
Mit Müh er sich den Ehn entwand.
Doch bei Susi, man kann's verstehn,
könnt es ihm nicht schnell gnug gehn.

Susanne ist ein kleiner Wicht,
Doch im Kopf, da fehlt's ihr nicht.
Auch ihr Herz ist gut und weich,
Hamster, ja, heut wirst du reich.

Im CVJM da traf er sie
und verliebte sich wie nie.
Hoch leb die Kirche, hoch der CVJM.
Was machten beide ohne ihn?

Das Planen gefällt dem Hamster sehr,
Kein System ist ihm zu schwer.
Auch die Ehe wird er studiern,
Bald den vollkommensten Plan vorführn.

Ein Licht habn wir Euch mitgebracht,
Als Helfer ist es Euch gedacht.
Zum Brennen muss Öl in der Lampe sein,
Die Liebe soll das Öl Eurer Ehe sein.

Wenn es einmal dunkel ist –
die EWAG macht ja manchmal Mist –
oder wenn Ihr Euch einmal böse seid,
dann zündet's an, dann ist es so weit.

Wie Ihr zwei wohl auch schon wisst,
das Leben manchmal sauer ist.
Drum habn wir was Süßes mitgebracht,
dass dann im Kummer doch das Herz noch lacht.

Den Stein, schaut her, verwahrt ihn gut –
vor allem, wenn Ihr seid in Wut.
Den Stein des Anstoßes, sperrt ihn ein:
So wird immer Frieden sein.

Wir wünschen Euch zum heutgen Tag
Ein lichtes Leben ohne Plag.
Dass Ihr glücklich und zufrieden lebt,
einander stets das Beste gebt.

Die zehn Gebote der Ehe

Ihr sollt Euch **1** sein.
Ihr sollt Euch nicht ent**2**en.
Ihr sollt Euch nicht **3**teilen.
Ihr sollt Euch gut **4**en.
Ihr sollt Eure **5**er zusammenhalten.
Ihr sollt das **6.** Gebot halten.
Ihr sollt Eure **7** Sachen zusammenhalten.
Ihr sollt Euch gegenseitig **8**en.
Ihr sollt Eure Liebe auch nach der Hochzeit täglich er**9**ern.
Ihr sollt Euch nie die **10**e zeigen.

Sketche

Freunde können die bekannten Stationen des Kennenlernens eines Brautpaares als Persiflage nachstellen.
Eine besondere Form eines Sketches bietet die Kintopp-Manier: Man verdunkelt den Raum, erhellt die Spielfläche mit einem Diaprojektor. Davor wird ein Ventilator installiert, der die Lichtquelle zerhackt, so dass die Bewegungen der Schauspieler abgehackt wie in Kintopp-Filmen erscheinen. Hiermit können

sehr eindrucksvoll, pantomimisch oder gesprochen, Episoden, die das Brautpaar erlebt hat, vorgeführt werden, wobei man nicht so sehr auf die schauspielerische Leistung achten muss; die Szenen leben durch die abgehackten Bewegungen.

Dialoge

Man kann Episoden aus dem Leben von Braut und Bräutigam auch in Form von Dialogen berichten, im Wechselgespräch mit einem echten oder einem vermeintlichen Partner.
Auch die Form einer Sprechmotette fällt in diese Rubrik.

Musikstücke

Alles darf dargeboten werden; Lieder wie auch Instrumentalstücke finden sicher Anklang. Schön sind neue, selbst gedichtete ironische Texte voller Anspielungen auf alte Melodien.

Filme

Hat jemand unter den Gästen Szenen aus dem Leben des Brautpaares oder aus der Vergangenheit der beiden mit der Film- oder Videokamera festgehalten hat, kann er diese nun vorführen.

Diaserien

Sie sind ebenso willkommen, sollten aber wohlwollend-witzig kommentiert werden.

Hochzeitszeitung

Sie wird allen Hochzeitsgästen überreicht, eventuell zuvor daraus vorgelesen. (Wie man eine Hochzeitszeitung macht, erfahren Sie auf Seite 193)

Tischreden

Zur Hochzeit gehören Tischreden, und sie sollten nicht unterbewertet werden. Man achte jedoch peinlich darauf, dass nicht die ganze Hochzeit aus Tischreden besteht. Um das ein bisschen zu steuern, überlegt man sich am besten vorher, wer wahrscheinlich eine Tischrede halten wird und wann man sie am besten im Programm unterbringen kann. Es gibt Hochzeiten, bei denen zwischen allen Gängen des Menüs mehrere Reden geschwungen werden, so dass sich das Essen dadurch über eine lange Zeit ausdehnt. Die ganze Festgesellschaft, die still sitzen bleiben muss, empfindet diese Reden unter Umständen als Tortur. Wir schlagen daher vor, die Reden generell auf eine Viertelstunde zu beschränken. Zwei Reden vor und zwei Reden nach dem Essen können verkraftet werden; mehr sollte man nicht zulassen. Ratsam ist es, vorher die Gäste, von denen man annimmt, dass sie sich zu einer Rede entschließen, zu fragen und ihnen eine Zeit zuzuweisen.*

Wer hält eine Rede?
- Sicherlich der Brautvater,
- vermutlich auch der Bräutigamvater,
- darüber hinaus noch die Paten,
- gute Freunde sowie
- anwesende Honoratioren.

Aber auch der Bräutigam selbst sollte eine kleine Rede halten, die Begrüßungs- und Dankesrede. Ein paar Sätze genügen.

Vielleicht entschließt er sich zu einem *Lückenvortrag.* Er berichtet seinen Gästen, dass er einen kurzen Vortrag aufgeschrieben habe. Leider wurde er aus Zeitgründen mit seinem Vortrag nicht fertig und er möchte die Gäste nun bitten, ihm zu helfen. Er bittet um Zuruf von Adjektiven. Er selbst hat sich in Wirklichkeit eine kleine Rede ausgearbeitet und immer die Adjektive weggelassen. Die trägt er nun nach Zuruf in die Lücken ein und liest anschließend den nunmehr vollständigen Vortrag vor.
(Die Adjektive in Klammern wurden von den Gästen zugerufen.)

(Schweißfüßige) Verwandte, (fahrplanmäßige) Freunde! Ich freue mich, dass ich Euren (kratzbürstigen) Gesichtern entnehmen kann, dass Ihr trotz des (kaltschnäuzigen) Essens und der (zuckersüßen) Reden noch (hungrigen) Mutes seid. Sicher werdet Ihr voller (zartbitterer) Erwartungen fragen, was nun kommt.

---

* Praktische Tipps und Muster-Reden finden Sie in den Büchern »Die schönsten Reden für Hochzeit und Hochzeitstage« und »Rhetorik – der Weg zum Erfolg« (Humboldt Verlag, Baden-Baden).

(Zuckersüße) Gäste! Ihr werdet sicher bemerkt haben, dass ich mich bemühe, meine (gelb verfärbte) Freude und meine (halbseidene) Begeisterung über unser (dattriges) Zusammensein auszudrücken. Nachdem ich dies nun getan habe, versuche ich eine (schläfrige) Überleitung zu finden. Nun beginnt nämlich der (einseitige) Teil. Ihr könnt Euch zum (langhaarigen) Tanz aufschwingen …

Weitere Darbietungen, die noch erwähnt werden sollten:
- Anwendung und Nachahmung von Sitten und Bräuchen
- Spaziergänge.

Noch eine Idee: Gästebücher,

häufig als lästig und altmodisch verschrien, können auch abgewandelt werden.* Originell ist die Idee des »*Gästetuches*«. Lassen Sie sich zur Verlobung oder Hochzeit eine Rohdecke schenken. Bei der fröhlichen Feier können alle Gäste mit einem weichen Bleistift ihren Namen auf die Decke schreiben. Die Namenszüge werden später ausgestickt, entweder kunterbunt oder Ton in Ton, wie es einem gefällt. Das Gästetuch kann man entweder aufhängen oder tatsächlich als originelles Tischtuch verwenden.

Zu den Darbietungen gehört im weitesten Sinn auch noch das

Gestalten von Glückwunschkarten und -texten.

Diese sind häufig so nett gemacht, dass sie öffentlich vorgelesen werden können.

---

* Anregungen finden Sie in »Gästebuch und Poesiealbum«, Humboldt Verlag, Baden-Baden.

Glückwunschtext
Ein in der Meditation erfahrener Mann wurde einmal gefragt, warum er trotz seiner vielen Beschäftigung immer so gesammelt sein könne.
Dieser sagte: Wenn ich stehe, dann stehe ich; wenn ich gehe, dann gehe ich; wenn ich sitze, dann sitze ich; wenn ich esse, dann esse ich; wenn ich spreche, dann spreche ich.
Da fielen ihm die Fragesteller ins Wort und sagten: Das tun wir auch. Aber was machst Du noch darüber hinaus?
Er sagte wiederum: Wenn ich stehe, dann stehe ich; wenn ich gehe, dann gehe ich; wenn ich sitze, dann sitze ich, wenn ich esse, dann esse ich; wenn ich spreche, dann spreche ich.
Wieder sagten die Leute: Das tun wir doch auch.
Er sagte: Nein, wenn ihr sitzt, dann steht ihr schon; wenn ihr steht, dann lauft ihr schon; wenn ihr lauft, dann seid ihr schon am Ziel.

Auf dass Euer Laufen Laufen sei; Euer Sitzen Sitzen …

Ganz herzlich Eure

Die Hochzeitszeitung

Eine Hochzeitszeitung mag eine sehr schöne Einlage und Erinnerung für die Brautleute sein. – Nur Vorsicht, wenn man sich an ein solches Vorhaben wagt! Eine gut gestaltete Hochzeitszeitung kostet relativ viel Arbeit. Sie ist mehr als nur die Sammlung von einigen billigen Späßen und Anspielungen. Sie soll ein aktuelles und liebenswertes Abbild der gegenwärtigen Hochzeitsphase des Paares sein und einige Streiflichter auf die Vergangenheit werfen.

Am besten bildet man ein Redaktionsteam. Möglichst viele Akteure sollen Artikel oder Beiträge beisteuern; ein Ausschuss übernimmt die Produktion.

Was kann man alles aufnehmen?

- Glückwünsche und Widmungen seitens der Familienangehörigen oder der näheren Verwandten.
- Rückblicke in Form einer familiären Chronik. Schwerpunkte werden gesetzt auf das Kennenlernen, die Verlobung und die gegenwärtige Lebenssituation des Hochzeitspaares, aber durchaus auch auf Lebenszeiten, die vor dem Beginn der Gemeinsamkeiten liegen. Auch Babyzeiten sind nicht tabu, wenn das notwendige Wissen vorhanden ist.
- Streiflichter aus dem gemeinsamen Alltag von Braut und Bräutigam in Verbindung mit den Verwandten, Freunden, Berufskollegen.
- Anspielungen auf Eigenheiten, Probleme, in liebenswürdiger Art und Weise, zum Beispiel in Form von Theater-, Kino- oder Fernsehprogrammen, als Leitartikel, als Glosse, Kommentar, als Kalauer
- Regieanweisungen für das künftige Eheleben, spaßige Horoskope, Vorhersagen, Prophezeiungen, ein Blick in die Zukunft, sehr allgemein, aber nett abgefasste Rubriken zu den Themen Ehe, Hochzeit, Liebe, Eifersucht, Zukunft, Nachwuchs und Ähnliches.
- Nachrichten, ein Überblick, wobei man die persönlichen Belange auf die weltpolitische Ebene projizieren kann.
  Polizeimeldungen, Sportberichte, Bankauszüge, berufliche Zeugnisse, Wasserstandsmeldungen, Ernennungsurkunden, Kaufverträge – alles kann hier aufgenommen werden.
- Anzeigen, möglichst originell gestaltet, die sich offen und versteckt auf die beiden »frisch gebackenen« Eheleute beziehen.

Beispiele für humorvolle Anzeigen

Kaufe ab sofort zu Höchstpreisen alle Bücher zu den Themen *Frauen* ∗ *Ehe* ∗ *Zusammenleben* zwecks Weiterbildung. – Name des Bräutigams

Bekanntgabe

Ab sofort müssen die Trainingsstunden am Mittwoch um zwei Stunden vorverlegt werden, da (Name des Bräutigams) nur bis 22.00 Uhr Ausgang hat. – Vorsitzender eines Sportvereins

Hinweis:

Sollte einer unserer Besucher Strümpfe an den Armlehnen der Stühle entdekken, so möchte ich höflichst bitten, diese nicht zu entfernen. Sie gehören meinem Mann. – Name der Braut

Suche ab sofort vertrauensvolle und verschwiegene Person, die Nachhilfestunden in Kochen und Haushaltführung erteilt. – Name der Braut

Wetterbericht

Nach Abzug der am Vorabend eingetretenen Eintrübung in Verbindung mit zwischenzeitlichen kalten Duschen hat sich ein neues Hoch gebildet, das an Stabilität gewinnt.

Nicht ausgeschlossen sind kurze, aber kräftige Hitzegewitter, die mit Blitz und Donner ablaufen können. Nach diesen kräftigen Regengüssen ist die Atmosphäre jedoch wieder gereinigt.

Weitere Aussichten: heiter, heiß bis schwül, keinerlei Eintrübung.

Bekanntmachung

Ab sofort gilt in unserem Haus folgendes Gesetz:

§ 1 Ab sofort ist bei allen Entscheidungen meine Frau zu fragen. Ihren Anweisungen ist absolut Folge zu leisten.

§ 2 Sollte meine Frau nicht anwesend sein oder aus triftigen Gründen verhindert sein, so ist so lange zu warten, bis nach § 1 vorgegangen werden kann.

Warnung!

Wir bitten, während unserer Flitterwochen nur von sittlich gefestigten Personen besucht zu werden, da wir nicht die Absicht haben, das eben begonnene »Einküssen« zu unterbrechen. – Name des Brautpaares

Danksagung

Ich möchte mich hiermit bei allen Tanten, Onkeln und sonstigen Verwandten bedanken, die mich positiv beurteilt haben und zu meinen Gunsten ausgesagt haben. – Name des Bräutigams

Arbeitsteilung

Wir möchten hiermit mitteilen, daß ich im Rahmen unserer arbeitsteiligen Eheführung für alle großen Entscheidungen zuständig bin, meine Frau dagegen für alle kleineren.
Zu den großen Entscheidungen gehören: Außenpolitik, Wetter, Philosophie.
Zu den kleineren Entscheidungen gehören: Gelddisposition, Urlaubsplanung, Arbeitseinteilung.
– Name des Bräutigams

> ***Dringend!***
> **Wer kann meinem Mann Ordnung beibringen? Für Tipps zahle ich Höchstpreise! – Name der Braut**

Inhaltlich wie auch im Layout soll sich die Hochzeitszeitung an einer normalen Tageszeitung orientieren, also nicht zu viele Gedichte aufnehmen, sondern mehr Reportagen, falls möglich Fotos mit lustigen Bildkommentaren.
Dabei kann man sich bewusst amateurhaft geben – man ist schließlich kein Profi. Damit wird auch die grafische Gestaltung gleich etwas einfacher; man steht nicht unter dem Zwang, mit professionellen Vorbildern zu konkurrieren.
Bei der Herstellung muss grundsätzlich unterschieden werden, ob die Zeitung von einer Druckerei gedruckt, selbst (mit dem Laser oder Tintenstrahldrucker) ausgedruckt oder nur mit dem Fotokopiergerät vervielfältigt werden soll. In manchen Copy studios kann man auch Fotokopien im A3-Format machen.
Sobald Format, Seitenzahl und Layout feststehen, werden Themen und der Umfang der einzelnen Beiträge festgelegt und die Bilder ausgewählt. Aus rechtlichen Gründen sollte man nur ausdrücklich freigegebene private Fotos verwenden. Wenn alle Texte und Bilder vorliegen, kann man z.B. eine Werbeagentur mit der Herstellung beauftragen, oder jemand, der einen Scanner besitzt und gut mit dem PC umgehen kann, übernimmt den Aufbau der Seiten.

Verteilt wird die Hochzeitszeitung am besten während der Hochzeitsfeier – begleitet von einer öffentlichen Präsentation. (Es darf dabei gelacht werden!)

MILCHHÄUSLA

Hochzeitszeitung

NR.

IMPRESSUM:

verantwortlich i.s.d.pg.:

Hochzeitszeitung
peter und monika liebherb

VIII. Nach der Hochzeit

(aber alles muss auch schon vorher bedacht werden)

Die Flitterwochen

Es ist nicht ganz klar, woher diese Bezeichnung für die ersten Ehewochen kommt. Man versteht darunter die Zeit nach der Hochzeit, in der man im Allgemeinen voll auf sich konzentriert ist und von der Gesellschaft eine gewisse Außenseiterstellung zugebilligt bekommt. Man könnte auch dazu sagen: Urlaub von der Gesellschaft und ihren Verpflichtungen.

Die Hochzeitsreise

Man kann die Flitterwochen zu Hause verbringen; schöner ist es wohl doch, eine kleine Reise zu unternehmen. Wohin? Das muss jeder selbst wissen. Aber eines sollte man berücksichtigen, auch wenn man ein großer Improvisationskünstler ist: Die Hochzeitsreise sollte sorgfältig geplant sein:

- Rechtzeitig nach einem geeigneten Urlaubsort Ausschau halten; gewisse Schwerpunkte setzen und
- überlegen, was man während dieser Zeit alles unternehmen möchte.

€ Viele Fremdenverkehrsorte bieten für Jungvermählte Pauschalarrangements an, die preislich besonders günstig sind und bereits viele Extras enthalten. Man wendet sich am besten an die einzelnen Fremdenverkehrsämter.

Einige Beispiele:

- Die Gemeinde Auetal im Weserbergland veranstaltet Ehearrangements unter dem Stichwort *»Romantisch heiraten«*. Sie stellt innerhalb dieses Programms den Paaren Oldtimer-Automobile oder Pferdekutschen zur Verfügung. Die Trauung selbst findet in alten idyllischen Kirchen statt.

- In Heidelberg hat man ein spezielles Programm: *»Heidelberg für Verliebte«*. Der Gast erhält eine Hochzeitssuite. Weiterhin gehört zum Programm ein extrastarkes Frühstück, ein festliches Mittagsmenü in einem erstklassigen Restaurant und eine romantische Bootsfahrt nach Neckarsteinach. Zum Abschied erhält das Paar zur Erinnerung einen Stich, auf dem das Datum der Anwesenheit vermerkt ist.

- Mit Mittelalter und alten malerischen Fachwerkhäusern wirbt das Hotel Trendelburg im Weserbergland. Zur Trauung hat man die Wahl zwischen der 500 Jahre alten evangelischen Kirche oder der katholischen Kirche neueren Datums. Auf Wunsch kann man gerne den eigenen Pfarrer mitbringen. Die Hochzeitsfeier findet in der ehemaligen Kapelle der zum komfortablen Hotel umgebauten Trendelburg statt. Das vermählte Paar wohnt im Turmzimmer.

- Als Geheimtipp für Heiratslustige aus allen Teilen Deutschlands preist sich der Luftkurort Wirsberg in Franken an. Standesamtliche Trauungen können zu allen Tages- und Abendzeiten sowie an Sonn- und Feiertagen stattfinden. Es wird hinterher nach deftig fränkischer Art gefeiert. Auf

Wunsch vermittelt der Ort die Trauzeugen, veranstaltet vor dem Standesamt ein Holzsägen, stellt zwei Hochzeitsbilder und schenkt dem Brautpaar eine frische Fichtenpflanze aus dem gemeindeeigenen Erholungswald. Alles ist im Pauschalpreis bereits inbegriffen.

- Auch große Hotelgesellschaften haben ein extra Flitterwochenprogramm, zum Beispiel die Steigenberger Hotelgesellschaft.

- In der Schweiz finden Leute, die etwas Besonderes suchen, zum Beispiel den »Amor-Express«, einen Hochzeitszug, der zwischen Herisau, Nesslau, Neu-St. Johann und Herisau verkehrt und in verschieden gestalteten Waggons bis zu 200 Plätze bietet. An Bord können Getränke und kleine Imbiss-Spezialitäten serviert werden.

- Österreich gilt als das klassische Land der Hochzeitskutschen (Fiaker). Man kann sich beispielsweise nach den Festlichkeiten Sightseeing-Partien mit dem Fiaker zusammenstellen. €
  Hingewiesen sei auf ein von der Österreichischen Bundesbahn empfohlenes Hochzeitsgeschenk: Innerhalb von zwei Monaten nach dem Heiratstermin in Österreich reist ein Ehepartner bei Entfernungen von über 51 km gratis (Hin- und Rückfahrt).

Das sind nur einige Beispiele, wie man sie der Presse entnehmen kann. Für Flitterwöchler gibt es immer wieder neue Programme. Informieren Sie sich rechtzeitig und lassen Sie sich von Ihrem Reisebüro beraten.

Nachbereitung des Hochzeitsfestes

Wenn man von der Hochzeitsreise wieder nach Hause zurückgekehrt ist, sollte man die Hochzeit in aller Ruhe »nachbereiten«.

Archivierung von Andenken, Schriftstücken, Rechnungen

Das beginnt damit, dass man alles Material, alle Andenken, alle Schriftstücke schön säuberlich archiviert. Man kann dabei ungehemmt seiner Sammelleidenschaft frönen. Alles, was mit der Hochzeit zu tun hat, von den Rechnungen über die Einladungskarten bis zu den Vorträgen, die gehalten wurden, und zur Hochzeitszeitung kann man säuberlich in einen Ordner einsortieren und hat damit eine schöne Erinnerung.
Die Bilder warten darauf, sorgfältig beschriftet und in Alben eingeklebt oder auf einer CD/DVD archiviert zu werden. Man sollte sich bald an diese Arbeit machen und sie nicht hinausschieben; häufig unterlässt man zu guter Letzt die Archivierung gänzlich; dies wäre schade. Später ist man dankbar, wenn man in all den Erinnerungen schwelgen kann.
Es wurde schon einmal der Vorschlag erwähnt, auch die Tageszeitungen des Hochzeitstages aufzuheben. Dann kann man später sehen, was sonst noch alles in der Welt passiert ist.

Danksagungen

i Zeit und Liebe widmen wir der Danksagung. Man sollte sich der Mühe unterziehen und sich bei allen ausführlich bedanken, bei denen, die mitgeholfen, bei denen, die großzügig Geschenke gegeben haben. Dank für alle Aufmerksamkeiten, für alle Glückwünsche.

Man kann dies mit einer gedruckten Danksagungskarte erledigen, aber auch mit einem individuellen Brief. Vielleicht ist Letzterer vorzuziehen, oder zumindest eine vorgedruckte Karte, die man mit einigen persönlichen Worten ergänzt. Ein persönlicher Ausdruck von Dank freut den Empfänger weit mehr als eine anonyme Karte.

Die Kunst des Zusammenlebens

Die Hochzeit stellt einen Beginn dar – auch wenn die beiden bereits zusammengelebt haben.
Das Zusammenleben ist gekennzeichnet von persönlichen Gewohnheiten und Vorlieben. Zwei Menschen mit unterschiedlicher Persönlichkeit stoßen Tag für Tag aufeinander; auch wenn sie willens sind,ein gemeinsames Leben aufzubauen, ist dies nicht immer einfach; Probleme werden irgendwann sichtbar. Aber eine große Kraft ist die Liebe, die manche Probleme lösen hilft, indem sich jeder der Partner etwas mehr als sonst zurücknimmt und mehr als gewöhnlich auf den anderen eingeht. Damit werden die Brücken sichtbar.

Natürlich hat auch die Umwelt ihren Einfluss auf das Zusammenleben.
Das beginnt mit schnöden materiellen Belastungen, die auf das Paar zukommen.

- Verfügt man über genügend Geld, ist es einfacher, harmonisch zusammenzuleben, als wenn die Geldknappheit zum ständigen Begleiter wird. €
- Steht für das Paar eine schöne, großzügig geschnittene Wohnung zur Verfügung, gestaltet sich das Zusammenleben ebenfalls einfacher, als wenn man in einer kleinen, ungemüt-

lichen Wohnung oder zur Untermiete bei den Schwiegereltern leben und sich womöglich in deren Haushalt einfügen muss.

Mit etwas Überlegung und Vorausdenken kann man diese materiellen Probleme jedoch in den Griff bekommen. Man sollte sich im eigenen Interesse darum bemühen.

Zusammenleben bedeutet ständiges Training und Einüben. Man sollte ganz bewusst diesem Zusammenleben eine reelle Chance geben, auf den anderen achten, Toleranz üben, Partnerschaft praktizieren. Und wenn es nicht gleich funktionieren sollte: Nicht entmutigen lassen; auch das Zusammenleben benötigt Übung, wächst aus der Liebe und den gemeinsamen Erfahrungen.

Kindersegen

Familienplanung

Auch wenn man als jungvermähltes Paar eines Tages Kinder möchte, bedeutet dies doch nicht, dass sie ungeplant und dann in diesem Augenblick ungewollt auf die Welt kommen müssen. Im Gegenteil: jedem jungen Paar ist zu empfehlen, den Anfang des Zusammenlebens als »Ehe zu zweit« zu genießen.

Die Angst vor einer ungewollten Schwangerschaft kann dieses Zusammenleben und die Liebe stark belasten. So sollte man sich auch hier wieder mit bewusster Planung helfen.
Die Familienplanung bedeutet nicht das Verhüten von Schwangerschaften generell, sondern die bewusste Planung des Zeitpunktes, zu dem ein Kind willkommen ist.

Beratungsstellen

Wichtig für das junge Paar ist in jedem Fall die ausführliche und rechtzeitige Beratung. Fast in allen Städten gibt es Beratungsbüros, die man im Telefonbuch findet.
Man kann sich aber auch an die Zentralstellen folgender Organisationen wenden:

i pro familia-Bundesverband
Deutsche Gesellschaft für Familienplanung e. V.
Stresemannallee 3
60569 Frankfurt am Main
Tel.: 069/63 90 02

Deutsche Arbeitsgemeinschaft für
Jugend- und Eheberatung e. V.
Neumarkter Str. 84
81673 München
Tel. 089/4 36 10 91 oder 4 31 12 16

Evangelisches Zentralinstitut für Familienberatung
Auguststr. 80
10117 Berlin
Tel.: 030/2 83 95-200

Versicherungen

Hat man eine Familie gegründet, so trägt man auch Verantwortung – mehr als vorher im ledigen Zustand. Deshalb ist es sicherlich nicht zu viel verlangt, wenn man sich über den richtigen Versicherungsschutz Gedanken macht.
Die Eheschließung bedeutet Übernahme von Verantwortung, und dazu gehört auch die Abdeckung von Risiken, die sich auf den Bestand der Familie und ihren Besitz auswirken können.
In diesem Sinne prüfe man den Deckungsschutz folgender Versicherungen:

- Krankenversicherung
- Privathaftpflichtversicherung
- (Risiko-)Lebensversicherung
- Hausratversicherung
- evtl. private Zusatzversicherung
- Unfallversicherung

Die Überprüfung der Versicherungen kann mittels Formblättern vorgenommen werden.

Hochzeitsinformationen im Internet.

Es gibt natürlich vielfältigste Informationen im Internet. Einfach »Hochzeit« in die Suchmaschine eingeben und los geht's. Hier einige interessante Links von Hochzeits-Portale:

http://www.hochzeit-portal.com/
http://www.hochzeitsplanung.de/
http://www.jekoo.com/search.asp?cln=
oldrkeov&mkt=de&typ=jekoo_1&src=0&adv=1&key=
Hochzeit&ksc=Hochzeit
http://www.heiraten-in-nrw.de/

http://www.hochzeit.de/index.php?rid=169&wid=
9532f7dbcc9d5cd0c1b595c822b81d69
http://www.der-hochzeiter.de/
http://www.weddingonline.de/
http://www.hochzeitsportal24.de/
http://www.ratgeber-hochzeit.de/
http://www.unsertag.de/
http://www.hochzeit24.ch/
http://www.derschoenstetag.de/html/frame.html
http://www.braut.de/
http://www.hochzeit-feiern.net/
http://www.hochzeitinfos.de/
http://www.hochzeitslinks.de/
http://www.lianes-hochzeitspage.de/
http://www.brautissimo.de/
http://www.hochzeits-forum.de/
http://www.kirchenhochzeit.ch/
http://www.weddinghotels-worldwide.com/
http://www.sonntags-heiraten.de/
http://www.heiraten.ch/
http://www.hochzeitsforum24.de/
http://www.hochzeitstipps.ch/
http://www.wirwollenheiraten.ch/
http://www.hochzeits-tipps.de/

Ein Wort zur Scheidung

Wenn die Ehe am Ende ist

§ Die *Scheidung* ist die formelle Beendigung einer *Ehe.* Das deutsche Recht sieht die Ehe als lebenslanges Institut, dessen besonderer Schutz in Art. 6 des *Grundgesetzes* gefordert wird. Die Ehe kann daher nur durch den Tod, durch Scheidung

oder durch Aufhebung beendet werden. Die Scheidung oder die Aufhebung muss durch richterliches *Urteil* erfolgen.
Die Voraussetzungen einer Scheidung sind in den §§ 1565 bis 1568 BGB geregelt. Einziger Grund für die Scheidung der Ehe ist der Tatbestand der *Zerrüttung* (§ 1565 Abs. 1 BGB. Die Ehe gilt als gescheitert, wenn die eheliche Lebensgemeinschaft nicht mehr besteht und wenn eine Wiederherstellung nicht mehr zu erwarten ist. Leben die Ehegatten mehr als ein Jahr getrennt, so kann die Zerrüttung festgestellt werden. Wollen beide Ehegatten geschieden werden (»einverständliche Scheidung«) oder besteht keine Bereitschaft, sich zu versöhnen, ist von einer Zerrüttung auszugehen. Nach drei Jahren Trennung kann die Ehe auch gegen den Willen des anderen Ehegatten geschieden werden.
Das Verfahren der Scheidung findet vor dem *Amtsgericht – Familiengericht* – statt. Anders als bei anderen Verfahren vor dem Amtsgericht besteht in Scheidungsverfahren *Anwaltszwang*, das heißt, jedenfalls einer der beiden Ehegatten muss sich von einem Anwalt vertreten lassen. Während die erstinstanzliche Verhandlung stets vor dem Amtsgericht stattfindet, ist die *Berufungsinstanz* das *Oberlandesgericht. Revisionen* erfolgen zum *Bundesgerichtshof.*
Eine Scheidung ist möglich wenn die Fortsetzung der Ehe für die antragstellende Partei aus Gründen in der Person des anderen Partners eine unzumutbare Härte darstellt (§ 1565 Abs. 2 BGB) oder die Parteien mindestens ein Jahr getrennt leben und die Ehe gescheitert ist (§ 1565 Abs. 1 BGB) wobei das Scheitern bei einvernehmlicher Scheidung und Einigung über die Folgesachen (§ 1566 Abs. 1 BGB i.V.m. § 630 ZPO) oder bei dreijähriger Trennung ohne weitere Voraussetzungen (§ 1566 Abs. 2 BGB) vermutet wird.

Im österreichischen Recht gibt es die *Scheidung*, die *Nichtigerklärung der Ehe* und die *Aufhebung der Ehe.*
Die Scheidung kann man wie eine »Kündigung« des Dauerschuldverhältnisses Ehe verstehen. Sie ist nur aus besonderen Gründen möglich.
Die Verschuldensscheidung erfordert eine *schwere Eheverfehlung* bzw. ein *ehrloses und unsittliches Verhalten*, die/das zu einer *Zerrüttung der Ehe* führt. Unter schwerer Eheverfehlung versteht das Gesetz *Ehebruch*, körperliche *Gewalt* oder schweres seelisches Leid.

Zum guten Schluss …

Sechs Regeln für eine harmonische Ehe

- *Nie von den Schwiegereltern in die Ehe hineinreden lassen! Die Gestaltung der Ehe betrifft nur Sie und Ihren Partner!*
- *Kinder sind eine wundervolle Ergänzung der Ehe, aber niemals die Grundlage. Kinder dürfen nicht zu den Tyrannen des Haushaltes werden und die Mutter zu ihrer Sklavin machen.*
- *Über alle Probleme muss man mit seinem Partner sprechen. Die Dialogbereitschaft muss 24 Stunden am Tage bestehen. Über Konflikte reden, den anderen nicht mit dem Entzug der Dialogbereitschaft bestrafen!*
- Sex *ist ein wichtiger Bestandteil der Ehe. Man sollte sich für ihn Zeit nehmen und Phantasie investieren. Auch alle kleinen Zärtlichkeiten gehören dazu.*
- *Es gibt für den Partner keine Strafen. Entzug von Sex oder Dialogbereitschaft sind niemals eine Lösung. Es gibt jedoch Konsequenzen, die man nach einem gemeinsam geführten Gespräch treffen muss.*
- *Das »Ja« zur Ehe sollte man nicht zu früh und nicht leichtfertig geben. Prüfen bedeutet gemeinsames Erarbeiten der Basis. Die oberflächliche Liebe auf den ersten Blick hält oft dem zweiten nicht mehr stand.*

Register

Prof. Gerhard Leibold

Ich werde Vater!

240 Seiten, 8,90 EUR (D), ISBN 3-89994-857-2